위기를 기회로 바꾸는 장사

홍보의 기술

위기를 기회로 바꾸는 장사
홍보의 기술

초판인쇄	2025년 1월 13일
초판발행	2025년 1월 20일
지은이	김선화
발행인	조현수
펴낸곳	도서출판 프로방스
기획	조영재
마케팅	최문섭
편집	문영윤
본사	경기도 파주시 광인사길 68, 201-4호(문발동)
물류센터	경기도 파주시 산남동 693-1
전화	031-942-5366
팩스	031-942-5368
이메일	provence70@naver.com
등록번호	제2016-000126호
등록	2016년 06월 23일

정가 17,800원
ⓒ 김선화 2025
ISBN 979-11-6480-376-7 (13320)

김선화 지음

위기를 기회로 바꾸는 장사
홍보의 기술

프로방스

사업 성공의 첫 단추는 홍보다
(사업의 시작은 홍보다)

어렵게 시작한 창업, 점점 떨어지는 자영업의 매출. 무조건 버티기만 하면 될까? 안타깝지만 버티는 것 자체가 사업의 성공을 약속하지 않는다. 매출을 올려주지도 않는다. 무언가를 해야 한다. 그 무언가는 내가 하는 일과 내 가게를 적극적으로 알리는 일. 바로 홍보다.

홍보는 내 업체에서 만들거나 판매하는 제품 또는 서비스의 긍정적 이미지 구축을 목표로 양질의 제품이나 서비스에 대한 정보를 전달하는 행위다. 광고가 제품 또는 서비스를 소비자에게 직접적인 판매를 목적으로 하는 것과는 조금 다른 의미다. 그러나 업계에서는 일반적으로 광고와 홍보를 혼용해서 사용하기도 한다. 이 책에서도 자유롭게 섞어 사용하기로 한다.

스튜어트 H. 브리트는 말했다. "광고 없이 사업을 하는 것은 어둠 속에서 소녀에게 윙크를 하는 것과 같습니다." 즉 나는 하고 있는데 다른 사람은 모르는 것과 같다는 것. 내 사업을, 내 가게를, 내 물건을 고객이 잘 알 수 있도록 적극적으로 알리는 것이 홍보이며 모든 사업의 시작이다.

지금 우리나라는 자영업 천국이라고 해도 과언이 아니다. 그렇다면 업주들은 과연 이익을 취하고 있을까? 대부분은 그렇지 않다. 갈수록 힘들어지는 구조다. 급격한 원자재 상승과 배달 앱 업체의 수수료 횡포, 인건비 상승 거기에 더해 매출이 오르면 오를수록 세금도 오르는 악순환의 구조다.

통계청 자료에 따르면 우리나라 자영업자의 폐업이 100만 명에 육박하고 있다. 국회 기획재정위 소속 국회의원이 국세청에서 받은 '최근 10년간 개인사업자 현황' 자료를 보면, 소매업과 음식업의 폐업률은 20%를 넘었다고 한다. 신규 창업 대비 폐업 비율은 79.4%로 가게 10곳이 문을 여는 동안 8곳이 문을 닫았다는 것.[1] 그럼에도 불구하고 생계를 위한 자영업자는 갈수록 늘어난다. 한쪽에서는 폐업하고 다른 쪽에서는 창업한다. 이런 현실에서 살아남기 위해 발버둥 치지 않을 수 없다. 필자 또한 광고업체를 운영하는 자영업자로서 이런 현실이 서글프다.

---

1 송치훈, 「작년 자영업자 10곳 창업할 때, 8곳은 문을 닫았다.」 『동아일보』 2024.9.12

광고회사를 운영하면서 많은 자영업 사장들을 만나왔다. 광고 디자이너로서 그들과 오랜 시간 업종의 특성에 맞춰 간판부터 명함까지 전략적으로 창업과 리브랜딩 컨설팅을 해왔다. 모두 성공 창업과 매출 상승이 목표였다. 그 과정에서 가게는 누구나 차릴 수 있지만, 아무나 성공할 수 없다는 것을 알았다. 혼신을 다해야 살아남을 수 있다. 그것은 진리다.

어떻게 하면 장사가 잘될까? 음식 맛이 좋으면? 가게 입지가 좋아야? 인테리어가 고급스러워야? 물론 어느 정도는 관련이 있겠다. 그러나 필자가 20년여 광고회사를 운영하면서 현장에서 업주들과 직접 부딪치고 고민하며 동분서주한 결과 가장 중요한 사업의 출발점은 홍보라는 것을 절실히 깨달았다. 애써 있는 돈 없는 돈 다 끌어다가 챙긴 내 가게가 홍보 부족으로 고객들에게 외면받는다면 어떻게 되겠는가.

인테리어와 간판이 완벽한 데 왜 손님이 안 올까? 현수막, 전단지 광고를 열심히 하는데 왜 매출이 줄어들까? 어디에서 무엇이 잘 못 됐을까? 앞으로 어떻게 홍보해야 할까? 한 번 온 고객이 다시 찾아오고 입소문을 내게 하려면 어떻게 해야 할까? 광고 의뢰를 받을 때마다 동변상련의 마음으로 누구보다 업주들의 처지를 잘 안다고 자부해 왔다. 그들의 입장에서 최소한의 경비로 최대의 홍보 효과를 주고자 고민했다. 그들의 사업 현장에서 '가격 대비 성능(가성비)'을 외쳐가며 컨설팅했다. 따라서 이 책은 내 가게를 운영하면서 한 번쯤 겪었을 홍보 고민

즉 간판, 종이 명함, 로고 디자인, 홍보 카피, SNS 홍보 등을 통해 어떻게 내 가게의 매출을 올리고 사업을 성공반열에 올릴 수 있는지 그 구체적인 방법과 노하우를 제시한다.

따라서 이 책은 다음과 같은 사람들에게 도움을 주고자 한다.

가장으로서 경제적 책임을 저야 하는 40, 50대 사장님,

직장을 다니다 내 사업이라는 부푼 꿈을 갖고 뛰어드는 20, 30대 사장님,

부모의 가업을 물려받아 장사를 시작하는 2세 사장님,

은퇴 후 부족한 가계소득을 위해 창업하는 사장님 등이다.

여러 사연으로 사업하지만, 결코 여가와 취미로 하는 경우는 극히 드물다. 모두 생업을 위한 선택일 것이다. 어떤 경우든 어렵게 시작한 사업 혹은 떨어지는 매출로 인해 재도약하고자 하는 사업의 첫 단추는 홍보다. 그 첫 단추를 끼우는 데 이 책이 도움이 되길 바라는 마음이다.

2024년 지금, 대한민국의 경제는 코로나 펜데믹 시기보다 어렵다고 한다. 하루하루 떨어지는 매출로 인해 힘겹게 버티고 있을 사장님들에게, 또 창업을 준비하고 있거나 기회를 엿보고 있을 예비 사장님에게 이 책의 일독을 권한다. 그들의 사업이 이 책이 제시하는 홍보 방법을 통해 성공의 길로 다가갈 수 있다면 저자로서 그 이상 보람이 없겠다.

자영업도 엄연한 사업이다! 누군가의 성공 스토리가 부러움의 대상

이 아니라 바로 내 사업, 내 가게를 운영하는 사장님 여러분의 이야기가 되길 희망한다.

2025년 1월

김선화

도널드 트럼프가 미국의 47대 대통령으로 당선되었다.

선거전이 한창일 때 카멜라 해리스 민주당 후보의 컨벤션 효과로 트럼프가 해리스에 뒤처져 열세로 돌아섰을 때 깜짝 등장 한 게 테슬라 자동차회사 회장 일론 머스크다. 천문학적인 돈을 트럼프를 위한 후원금으로 쾌척했다.

머스크가 누구인가? 왜 그 많은 돈 을 트럼프에게 후원했을까?

그는 뛰어난 사업가이다 언제, 어디에 돈을 투자해야 성공할 수 있는지를 정확하게 알고 있는 것이다.

트럼프가 당선된 후에 나오는 이야기는 그때 머스크의 트럼프에 대한 베팅이 없었다면 트럼프는 선거에서 패배했을 것이라고 한다.

병원에서 어느 분야의 명의 또는 수술을 누가 가장 잘 하는지 물어보자!

누구에게 물어봐야 정확한 답을 얻을 수 있을까?

정답은 마취과의사다. 왜?

수술을 할 때 해당 의사와 같이 수술실에 들어가는 사람이 마취과의사이기 때문이다.

우리나라는 OECD 중에서 인구대비 자영업자가 가장 많은 나라이다. 자영업자가 돈을 잘 벌기 때문이 아니라 일자리가 부족하기 때문이다.

요즘 어느 도시를 가봐도 똑 같은 풍경이 펼쳐진다. 중심상가에도 예외 없이 1층 상가, 점포에 '임대문의' 현수막이 절반이상을 뒤덮고 있다.

"병의원 환영"은 어느곳이나 똑같고 코로나 팬데믹 때 보다 요즈음이 더 장사가 안 된다고 여기저기서 아우성이다.

한 쪽에선 문 닫고, 또 한쪽에선 나는 잘 되겠지 하고 개업하는 현상은 예나 지금이나 대동소이하다. 왜 이런 현상이 반복되는가?

식당의 예를 들어보자! 직장생활을 마치고 퇴직하는 사람이 많다.

요즘 60살이면 청년이다. 이 사람들이 가장 많이 뛰어드는 사업이 외식업이다.

있는 돈, 없는 돈, 집 담보로 빌리고, 융자 받고해서 창업에 뛰어든다.

식당에서 일 해 봤는가? 바리스타 자격증은 있는가? 설마 망하기야 하겠어 대부분이 주위에서 너도 하고 나도 하니까 나도 한 번 해보자!

폼도 나잖은가? 식당이나 카페는 사업을 하려면 최소한 몇 년 전부터 그 분야에 관심을 가지고 준비를 해야 한다. 준비 안 된 창업은 백전백태이다.

나이 들어 퇴직 후에 창업에 실패하면 인생의 낙오자가 된다. 주위에 전문가나 경험자가 있는데도 아무런 상의나 지도를 받지 않고, 개업

일에야 알게 되는 안타까운 예를 너무 많이 봤다.

　김선화 대표의 광고쟁이 25년은 대단한 세월이다. 누가 어디에 어떤 업종을 한다고 광고문의가 오면 이 점포가 성공할지, 실패할지 알 수 있는 경지다. 수많은 사업가들의 흥망성쇠를 옆에서 지켜 보며 환호성도 질러봤고 안타까운 심정으로 실패를 지켜봤을 것이다. 틀림없이 광고 간판 등을 자기 멋대로 고집부리고 했던 사장님들의 실패가 많았으리라 확신한다.

　홍보, 광고학은 대학에서 학문으로 강의가 개설되어 있겠지만 이 책에 담겨있는 한 단어, 한 문장은 광고쟁이 25년 성공노하우가 아닐까?

　다 죽어가는 가게를 살려냈던 한 줄의 문구에서 그 좋은 분위기의 가게를 스스로 무너뜨린 사장님의 무모함까지...

　이 책이 성공을 꿈꾸는 수 많은 예비 소상공인, 자영업자, 이미 창업 중인 사장님들께 꼭 기억하고 따라야 할 홍보, 광고의 지침서가 되리라 확신한다.

안망하는 식당창업 저자, 전주밥상 다잡수소 대표 오재천

30년 넘게 사업을 하면서 참 어려운 고비들이 많았다

그때 이 책 "위기로 기회로 바꾸는 장사 홍보의 기술"이 있었다면 작은 시행착오로부터 쉽게 벗어날 수 있었을 것 같다.

섬세한 부분까지 사례 중심으로 디테일하게 알려주는 글들이 사업하는 사람이라면 누구나 곁에 두고 하나의 지침서로 삼으라 말하고 싶다

사업은 열심히 한다고 성공하는 게 아니라 알고 현명하게 하는 게 꽃을 피우는 일이기 때문이다

청학동 버섯전골, 청학동 들깨 삼계탕 대표 김순이

마부위침(磨斧爲針)의 길잡이

홍보는 아무리 강조해도 지나치지 않는다. 음식이 맛있어도, 입지가 좋아도, 인테리어가 멋져도. 홍보가 잘못되면 사업에서 성공을 거들 수 없기 때문이다. 홍보는 누구나 아는 같은 말을 하는 것이 아니라 자신만의 특별한 이야기를 하는 것이어야 한다.

불과 두 달 전 일이다. 친구가 한국소리문화의전당에서 '이상한 가수 유길문 콘서트'를 하게 되었고, 난 총괄기획을 맡았다. 공연까지 한 달 남았고, 포스터와 팜플릿 등 오프라인 홍보에 의지할 수밖에 없었다. 필자에게 도움을 청했고, 매일 스무 통화 이상을 했다. 이틀 만에 나온 첫 홍보시안은 참신했다. 다양한 의견을 주고받으며 수정과 시행착오를 반복했다. 포스터와 팜플릿, 공연티켓, 리플릿을 완성했고, 포토존과 내부현수막을 추가했다. 필자가 만들어 준 홍보물로만 공연을 알렸다. 마침내 공연 날, 객석은 관객들로 가득 채워졌고 관객들은 큰 울림을 받았다. 그렇게 공연은 대 성공을 거두었다. 고객 입장에서 고민해 준 필자의 도움이 없었다면 불가능했을 것이다.

이 책은 전통적인 홍보디자인이라 할 수 있는 '간판, 명함, 현수막, 전단지, 로고 디자인, 리플릿' 뿐만 아니라, 요즘 트렌드라 할 수 있는

'SNS 광고, 컬러와 감성디자인, 템플릿 디자인'도 소개하고 있다. 무엇보다도 성공사례와 실패사례가 구체적으로 제시되어 있을 뿐만 아니라 사례와 관련된 궁금증을 사진으로 직접 확인할 수 있어서 참 좋다.

마부위침(磨斧爲針)이라 했다. 도끼가 바늘이 되기까지의 노력과 인내, 거기에 필자의 홍보 마케팅이 더해진다면 사업은 대박날 것이다. 이 책은 성공 창업과 매출 증대를 위한 25년 경력 광고회사 대표의 홍보 노하우가 담겨있다. 갈수록 치열해지는 비즈니스 환경 속에서 자영업자와 소상공인의 매출을 올리고 사업을 성공으로 이끌어주는 길잡이가 되기에 충분하다.

일상, 여행, 순간을 찍다 저자, 카네기 평생학습 센터장 강평석

4장

좋은 카피는 좋은 스토리에서 나온다

5장

SNS 광고할 때 써먹는 실전 팁

6장

대박집과 쪽박집에는 다른 게 있다

1장

간판 이름만
잘 지어도
매출이 올라간다

사장은 간판스타다

필자는 가끔 딸과 함께 좋은 영화나 뮤지컬을 보러 다니곤 한다. 연극연출을 공부하는 딸의 성화에 마지못해 끌려가 볼 때도 있지만, 보고 나면 제대로 힐링하는 기분이다. 요즘 뮤지컬은 인기 연예인을 내세워 홍보에 열을 올린다. 대신 공연장은 비싼 입장료에도 항상 만석이다. 얼마 전 딸과 함께 스타 연예인이 주인공으로 등장하는 뮤지컬을 보러 간 적이 있다. 하지만 뮤지컬을 보고 난 후 전체적인 느낌은 간판으로 내세운 그 배우의 인지도에 비해 조금 실망스러웠다. 정신없는 스토리 전개와 화려한 세트에 시선이 분산되어 주인공에게 몰입하기가 힘들었다. 또 주인공의 대사가 또렷하게 들리지 않아 내용을 바로 이해하기가 어려웠다. 아마 음향 탓일 것이다. 필자의 딸 역시 공연을 보고 적지 않은 실망을 한 것 같다. 같은 공연이라도 무대 세트장에 따라 배우

의 연기가 달라지고 관객의 만족도에 영향을 미친다. 종합예술인 뮤지컬에 걸맞은 무대 장치가 필요한 이유다. 그럼에도 유명 연예인을 간판으로 내세운 뮤지컬은 나름의 성공을 했다.

서두가 길어졌다. 잘 만든 뮤지컬에 간판스타가 있듯, 가게도 고급 인테리어, 좋은 위치, 맛있는 음식보다 더 중요한 것은 바로 사장 자신이다. 즉 사장은 내 가게의 간판스타이다. 간판스타배우가 장르를 불문하고 여러 역할을 멋지게 하듯 사장이야말로 가게를 성공으로 이끄는 원동력이다.

백종원 대표의 사례는 이러한 원칙을 잘 보여준다. 그의 성공 비결은 단순히 유명세나 화려한 마케팅에 있지 않다. 오히려 대중적이면서 편안한 이미지, 그리고 실용적이고 효과적인 브랜딩 전략에 있다. 고급스러운 인테리어보다는 실용성과 가성비를 내세운 그의 철학이 간판의 디자인에서부터 드러난다. 이는 그의 이름에 걸맞게 고객들에게 신뢰와 친근함을 주는 중요한 요소가 된다. 일례로 "빽다방"이라는 간판을 보자. 백종원 자신의 성을 따 "빽다방'이라는 이름으로 브랜딩했다. 70, 80년대 커피를 팔던 '다방'이 '카페'라는 이름으로 바뀐 지금 다시 다방이라는 호칭도 향수를 느끼기에 충분하다. 또 간판의 메인 컬러인 노란색은 촌스러운 느낌도 들지만, 온갖 색으로 넘쳐나는 골목 가게들의 간판 숲에서 오히려 눈에 확 띈다. 무엇보다 백종원 자신의 얼굴을 간판으로 내세웠다. 지나가면서 간판보다 백종원이 얼굴이 더 눈에 들어온다. 이는 백종원 자신의 얼굴이 곧 간판임을 잘 보여주고 있다.

방앗간을 운영하는 한 부부가 선식 제품을 온라인에서 판매하기 위해 제품 패키지에 필요한 로고 디자인을 필자에게 의뢰해 왔다. 방앗간은 전통 방식으로 3대째 운영해 온 가업을 이어받아 지금의 딸과 사위가 운영하게 되었다. 전통 먹거리 제품 특성상 중국산과 국산을 의심하는 소비자들이 많다. 소비자의 의심을 떨치고 믿음이 가는 상호와 로고가 필요했다.

상호는 부부가 고심 끝에 '정직한 부부'라고 만들었다. 상호만으로도 방앗간을 알리기에 효과적이었다. 60년 전통의 가업을 이어받은 부부의 이야기는 그 자체로 강력한 브랜드 스토리가 된다. 화려한 외관이나 고가의 설비 대신, 세대를 이어온 정직함과 기술력이 이 가게의 진정한 경쟁력이었다.

홍보전략은 방앗간 부부의 이야기를 내부 사인물과 패키지에 녹여내기로 했다. 로고는 인장과 함께 캘리그래피로 상호를 만들었다. 오프라인인 카페에서는 방앗간의 역사와 스토리를 시각적으로 전달하기 위해 부부가 운영하는 카페 쇼룸에 부모님의 사진을 전시하고 스토리보드를 만들어 브랜드 스토리를 자연스럽게 전달하고자 했다.

온라인에서는 상세페이지에 상단에 부모님과 이 부부의 이야기를 옛 방앗간의 사진과 부모님과 부부의 사진을 소개했다. 이는 소비자들에게 처음부터 신뢰라는 이미지를 심어주고 믿음이 가는 기업임을 어필하고자 했다. 얼마 후 그 결과는 매출로 이어져, 방앗간의 매출이 단기간에 몇 배로 뛰었다.

위 사례처럼 창업 초기 전략적인 홍보는 브랜딩과 스토리로 탄탄하게 만들어 단계적으로 접근하면 안정적으로 사업을 키워나갈 수 있다. 이는 고객의 관심과 함께 매출로 이어져 차별화된 홍보 효과를 누릴 수 있다. 때문에 디자인 업체와 업주의 긴밀한 소통은 필수이다. 결과적으로 진정한 브랜드 가치는 외적인 요소보다는 내적인 스토리와 진정성에서 나온다.

사업은 규모와 상관없이 업주의 열정, 가업의 역사, 제품에 담긴 정성이 모여 고객의 마음을 움직인다. 따라서 사장이야말로 내 가게의 진정한 간판스타다.

62년의 신뢰와 노하우로 다져진 제품의 차이

- 최상의 국내산 100% 원재료를 담은 충실함
- 햇 곡식을 최상의 품질로 유지하는 신선함
- 첨가물 없는 100% 자연원료를 그대로 담은 고소함
- 60년 방앗간 전통의 숙련된 로스팅/분쇄의 특별함
- 당일 제조/방송 원칙의 정확함
- 전 제품 HACCP 인증을 통한 청결함
- 금속 검출기 및 팥지기 감출 과정을 통한 안전함

식품에 대한 연구개발, 제조, 생산, 유통, 제조의 되는 과정을

정직한부부, 방앗간
농업회사법인㈜사회사 자연엔미
SINCE1961 전북 전주시 덕진구 정읍길 52-2(만성동)
고객센터 063)213-8664

정직한부부,
방앗간
SINCE1961

정직한부부,
방앗간 '자연이 주는 선물을 정직하게 담다'
SINCE1961

- 60년 역사를 가진 특별한 로스팅으로 음식이 맛을 살리는 몸이가 가득한 전통 기름
- 오랜의 막 한번 앞씩 착유로 100% 국산에 기름만을 담은 고소한 기름
- 원산지·국산 함계를 최상의 상태로 보관하여 담실 제조하는 신선한 기름
- 현대식 제조 설비 방식과 자연 압착의 전통 방식을 조합한 특유의 기름
- 신뢰성 있는 추가의 자가 풍질검사로 벤조피렌 아니라 건강하고 바른 기름

참기름

생들기름

들기름

선물세트

- 모든 곡물의 촉속(씨)의 과정을 거친 4의 완전 건강식
- 흡연 세월 담겨진 대한밥한 가공법의 기술로 쌓아가고 있는 건강식
- 균형 갖춘 각 곡물 원료로 배합하여 만든 건강식
- 엄수 영양안을 담은 국물잡곡과 곡물의 곡물을 담긴 곳한 맛을 담은 건강식

슈퍼푸드선식
500g

클래식푸드선식
500g

서리태선식
500g

귀리선식
500g

옥수선식
500g

보리미숫가루
500g

흑임자미숫가루
500g

양파가루
500g

간판, 보고 느끼고
들어오게 하라

몇 해 전 6월, ○ 씨 부부는 초밥과 우동을 파는 식당을 개업했다. 초여름의 따뜻한 날씨 덕분에 개업 직후부터 손님들이 문전성시를 이루었다. 예약을 하지 않으면 식사를 하기 어려울 정도로 인기가 많았다.

하지만 11월에 접어들면서 상황이 급변했다. 날씨가 쌀쌀해지자 초밥 매출이 급격히 떨어지기 시작했다. ○ 씨 부부는 이대로 가다간 겨울철 장사가 매우 어려워질 거라고 판단했다. 그는 고민 끝에 과감한 결정을 내렸다. 기존의 초밥 메뉴를 접고 짚불구이 갈빗집으로 업종을 전환하기로 한 것이다.

부부가 필자에게 연락을 해왔다. 기존의 인테리어는 그대로 유지한 채 간판과 창문 시트만 교체해 달라는 것이었다. 이는 쉽지 않은 시공이었다. 외부 파사드(인테리어 외벽) 컬러가 딥 그린 컬러로, 일반적인

고깃집과는 거리가 먼 분위기였다. 게다가 이미 창업 초기 80평이나 되는 대형 매장에 인테리어와 간판 비용으로 상당한 금액을 지출한 상태였다. 인테리어에 추가 투자가 어려운 상황이었다.

이런 상황에서 간판을 새로 제작한다는 것은 보통의 경우와는 다른 접근이 필요했다. 창업 시 정해진 콘셉트에 맞춰 간판을 제작하지만, 이번에는 기존 인테리어에 어울리면서도 새로운 업종을 효과적으로 알릴 수 있는 간판을 디자인해야 했다. 이는 디자인으로나 마케팅으로나 큰 도전이었다. 더욱이 업주 부부의 의견 충돌도 문제였다. 젊은 부인은 모던하고 깔끔한 블랙 로고 간판을 원했지만, 남편은 눈에 잘 띄고 저렴한 간판을 선호했다. 이러한 의견 차이를 조율하는 것도 중요한 과제였다.

가장 급선무는 식당의 메뉴 변경을 고객들에게 직관적으로 알리는 것이었다. 드디어 블랙 디자인을 고집하던 부인을 설득해 화이트 간판으로 방향을 잡았다. 기존의 고급스러운 티타늄 간판 대신 그보다 저렴한 채널 간판을 선택했다, 이를 대로변과 코너 등 여러 곳에 설치해 업종 변경을 확실히 알렸다. 또한 이 가게의 특징인 짚불 초벌구이를 강조하기 위해 짚불이 타오르는 모습을 촬영해 유리창에 시트를 부착하고 대형 현수막에 반복적으로 노출했다. 따뜻한 불 이미지로 지나가는 사람들의 시선을 끌기 위해서다. 짚불구이 갈빗집은 새 간판 시공이 완료되고 12월이 되자, 날씨가 추워지면서 고객들의 발길이 늘어나기 시작했다. 점심시간에는 손님들이 줄을 서서 기다릴 정도로 인기를 끌었다.

이 사례는 간판의 중요성을 잘 보여준다. 다른 홍보 없이도 간판의 효과가 얼마나 큰지 알 수 있다. 간판의 주요 목적은 가게를 효과적으로 알리고 이를 통해 매출 증대로 이어지게 하는 것이다. 즉 업종에 맞는 간판만 잘 만들어도 장사는 성공할 수 있다.

최근 20~30대들의 창업이 늘면서 독특하고 세련된 간판에만 치중하는 경향이 있다. 이는 자칫 업종을 알아보기 어렵게 만든다. 정체성 없는 간판, 업주 자신만 만족하는 간판이 될 수 있다. 위 식당의 사례도 유동 인구가 많은 대로변에 위치해 입지 조건은 좋았지만, 간판이 제 역할을 하지 못했다면 실패할 가능성이 높았을 것이다. 따라서 창업을 준비하거나 업종 변경으로 간판을 교체할 때, 또는 고객들이 가게를 찾기 어렵다는 피드백이 많은 경우 업주는 고민해 봐야 한다. 운전 중인 차량에서도 눈에 잘 띄고, 행인도 가게의 존재를 잘 인지하고 주목할 수 있도록 해야 한다. 그래야 사람들의 발길을 가게로 유도할 수 있다.

간판 디자인 시 다음과 같은 사항들을 체크해 보자.
첫째, 흥미를 끄는 상호나 문구를 사용해 행인들의 호기심을 자극한다.
둘째, 적절한 조명을 사용한다. 은은한 조명부터 화려한 조명까지 다양하게 시선을 끌 수 있다.

셋째, 입체감 있는 설치물이나 그래픽 요소를 활용해 시각적 흥미를 더한다.

넷째, 계절의 변화, 특별한 이벤트에 따라 간판이나 매장 외관에 변화를 통해 새로운 경험을 제공한다.

다섯째, LED 디스플레이를 활용하여 역동적인 분위기를 연출하고 주목도를 높인다.

이 방법들을 내 가게에 적용한다면, 고객의 관심을 끌고 결과적으로 매출 상승으로 이어질 수 있다. 간판은 단순히 가게의 이름을 알리는 것 이상의 역할을 한다. 그것은 고객과의 첫 만남이자 가게의 정체성을 나타내는 중요한 요소이다. 또한 간판 디자인은 한 번 결정하고 끝나는 것이 아니라 지속적인 관리와 개선이 필요하다. 주기적으로 고객들의 반응을 살피고, 필요하다면 과감하게 변화를 주는 것도 방법이 될 수 있다.

끌리는 간판,
끌리는 사장님

운전하면서 도로를 지나다 보면 첫눈에 확 끌리는 간판과 마주치곤 한다. 필자처럼 광고쟁이가 아닌 일반인의 눈에도 그렇다. 그런 가게는 내부는 또 어떤지 들어가 보고 싶은 충동을 느낀다. 간판에 독특하고 개성 넘치는 문구가 있거나, 대담하고 톡톡 튀어 보이는 간판일수록 더 궁금해진다. 이 가게의 사장은 어떤 분일까? 이 가게의 상호는 무슨 뜻일까? 컬러를 왜 저 색으로 했을까? 여러 생각이 든다면 그 가게는 절반은 성공한 것이다. 좋은 간판은 고객의 호기심을 유발해 상상력을 자극하기 때문이다.

50대 부부가 함께 운영하는 카페의 간판을 제작했던 일이 떠오른다. 처음 미팅하는 날 본 남편의 모습은 참 독특했다, 흰색으로 염색

한 긴 머리에 웨이브 펌, 무릎까지 내려오는 오렌지색 꽃무늬 실크 블라우스와 흰 바지가 한눈에 봐도 튀었다. 예술 하시는 분인가? 좀 까다로운 사장님일 것 같았다. 그러나 선입견과 달리 세심하면서도 다정한 분이었다.

카페의 상호도 참 독특했다. '마마누요' 상호 뜻이 궁금해 물어보았다.

"교회에 다니세요?"

'상호를 물었는데 왠 교회?'

다닌다고 대답했지만, 상호와 교회가 무슨 관련이 있는지 궁금했다.

"성경에 나오는 4복음서 마태, 마가, 누가, 요한의 앞 자만 따서 만든 상호입니다."

아하! 그제야 고개를 끄덕였다. 참 기발하고 예쁜 이름이었다.

부인 또한 첫인상이 독특했다. 프로방스 스타일의 원피스에 늘 검정 선글라스를 끼고 사무실을 찾아왔다. 부인은 밀가루와 유기농 재료만 사용하여 빵을 만들어 판매할 예정이라고 했다.

며칠 후 완성한 간판 디자인을 남편에게 보여주고 답변을 기다렸다. 남편은 글자만 영문으로 'COFFEE'라고 크게 넣어 주고 한글 상호는 아주 작게 넣어 달라고 요청했다. 일반적인 간판 디자인과 반대였다. 역시 당신의 외모답게 간판 디자인도 자기만의 스타일이 있다고 생각했다.

상호가 독특하고 좋은데 왜 작게 하려는지 궁금했다. 상호가 크게 들어가야 하지 않겠냐고 의견을 말했다. 하지만 남편은 이 골목에 카페가 없어서 상호만 크면 오가는 사람들이 이 가게가 커피를 파는 곳인지 모를 수 있다고 한다. 카페가 골목 안쪽에 있어서 상호보다 커피를 부각시키는 게 오히려 오가는 사람들에게 카페의 존재를 알릴 수 있을 것 같다는 것이다.

이런 경우 디자이너의 판단보다 창업을 결심하고 준비해 온 업주의 생각 끝에 나온 디자인이 정답일 수 있다. 무조건 디자이너의 의도에 끌려가기보다는 상황에 따라 사장 본인의 생각과 콘셉트를 잘 전달하고 절충해야 할 때가 있다. 또 부부가 함께 가게를 운영하는 경우 간판 제작이나 인테리어 과정에서 의견이 종종 부딪치는 경우가 있다. 이때 두 사람의 요구를 충분히 수렴해야 한다. 부부의 생각이 간판에 반영되어야 만족하는 결과물이 나올 수 있기 때문이다.

간판 제작에 들어가자, 남편은 몇 년 전부터 카페를 운영하기 위해 인터넷에서 검색한 간판 디자인을 여러 개 보여주며 그것들과 비슷하게 제작해달라고 요청했다. 하지만 현장은 남편이 원하는 간판을 설치할 수 없었다. 남편은 상호의 각 글자 뒤 벽면에서 LED 조명이 나오는 후광 조명 간판을 원했다. 하지만 가게의 외벽은 징크 패널 벽면으로 벽면 사이사이 튀어나온 이음새 때문에 설치가 어려웠고, 패널에 구멍이 많으면 누수의 원인이 될 수 있어 후광 조명 시설 간판은 설치하지 않는 것이 바람직하다. 무엇 보다 건물주의 동의를 얻는 것도 급선무였다.

   이 내용을 부부에게 충분히 설명한 후, 'COFFEE' 영문자를 LED 채널로 하고 조명을 좀 따듯하게 전구와 같은 색으로 하여 갈바 판에 전면 조명으로 제작하여 설치했다. 시공 후 그 카페를 가보니 밤이면 캄캄한 골목을 간판이 환하게 밝혀주는 가로등 역할을 하고 있었다. 또한 커피 향과 빵 냄새가 골목을 오가는 사람들의 눈과 코를 자극하여 새로운 맛집 성지가 되어있었다.

   간판 디자인은 그 자체로도 중요하지만, 디자이너의 의견보다 창업자의 경험과 통찰력이 반영될 때 고객 유인에 큰 효과를 발휘할 수 있다. 끌리는 간판 뒤에는 반드시 끌리는 사장의 개성과 철학이 숨어있기 때문이다.

간판만 달라도 살아남는다

자영업을 하는 업주들은 이미 간판의 역할을 누구보다 잘 안다. 간판의 효과는 유동 인구가 많은 곳일수록 노출 횟수도 그만큼 늘어난다. 또한 내 가게의 간판이 그 거리에 랜드마크가 된다면 장사의 원칙 중 "목이 좋아야 한다."에 가장 잘 부합하는 홍보 수단의 역할을 톡톡히 한다. 하지만 동종 업종이나 유사 업종이 골목 어디에나 있다. 우리나라 어느 곳을 가든 부딪치는 현실이다. 그만큼 어느 업종이든 포화상태임을 말해준다.

필자가 현장에서 만나는 예비 사장들은 내 가게가 옆 가게보다 장사가 잘될 것이라는 확신으로 창업을 준비한다. 그들은 자신이 열고자 하는 가게 근처에 같거나 비슷한 업종이 있는 곳에서 이미 부동산 계약을 끝낸 상태로 필자와 미팅이 이루어지는 경우가 많다. 예비 사장들은 부동산 계약을 하기 전 혹은 하고 난 후에라도 꼭 체크하고 확인해야 하는 것이 있다. 내 가게의 입구가 옆 건물의 간판과 겹치거나 동선이 겹쳐 고객이 옆 매장으로 들어갈 수 있는가이다. 이를 창업 전에 충분히 조사하고 파악해야 한다. 비록 동선이 겹치더라도 내 가게의 간판이 멀리서도 잘 보여야 한다. 그러려면 간판의 소재와 디자인을 충분히 고민하고 제작해야 고객이 바로 찾아올 수 있다.

몇 년 전 한 숙녀복 매장의 간판을 제작했을 때의 일이다. 20, 30대 젊은 청년들의 창업이 늘어나면서 자본금이 넉넉하지 않은 예비 사장들이 창업비용을 줄이기 위해 인테리어와 간판 등을 셀프로 하는 사장이 늘고 있었다. 그 숙녀복 사장도 간판에는 최소의 비용을 들이고 싶어 했다. 그녀는 셀프는 무리였는지 필자에게 간판을 의뢰해왔다.

업주는 트렌디한 간판을 원했다. 간판이 눈에 잘 안 들어와도 심플하고 미니멀리즘한 간판을 원했다. 당시 SNS에서 핫하다는 안 보이는 간판이 마음에 들었던 것이다. 따라서 간판의 글자 색을 건물 외벽과 같은 컬러로 디자인해달라고 했다. 여사장의 요구가 너무 확실했다. 정말 손바닥만 한 간판을 제작해 설치하고 매장을 오픈했다.

그녀의 숙녀복 매장은 대로변 양쪽으로 옷 가게가 줄지어 있다. 또한 유동인구도 꽤 있었다. 하지만 고객들은 간판이 눈에 띄지 않아 상호를 기억하지 못했다. 매장을 재방문할 때마다 매번 사장에게 연락하고 찾아와야 했다. 고객들은 계속되는 이 상황이 불편할 수밖에 없었고 단골도 늘지 않았다.

　간판의 중요성을 실감한 여사장은 할 수 없이 간판을 다시 제작해달라고 했다. 처음의 콘셉트와 달리 고객에게 잘 보이고 쉽게 찾아올 수 있는 간판으로. 1미터 정도 크기의 아크릴 간판으로 결정했다. 글자는 오렌지색으로 도색하여 건물의 화이트 벽에 선명하게 보이도록 했다. 이후 그녀의 매장에 한 번 찾아온 고객이 다시 전화하는 일이 없어졌다고 한다. 달라진 간판으로 고객들이 쉽게 기억하고 찾아올 수 있게 된 것이다.

　간판은 고객과 소통하는 첫 번째 접점이다. 그래서 디자인과 소재에 신경 쓰는 것이 중요하다. 내 가게에 큰 비용을 들여 간판을 설치해도 지나다니는 행인들이 알 수 없다면 장사의 성공 여부를 예측할 수 없다. 사업에서 가장 중요한 핵심 요소인 홍보가 빠졌다고 볼 수 있다. 어디에 어떤 가게가 생겼는지 알리는 것은 앞으로의 잠재 고객이 내 가게에 와서 매출로 이어지게 하는 중요한 요인이다. 간판은 살아 있어야 한다. 잘 보이지 않는 간판은 죽어있는 간판과 다름없다. 고객이 잘 알아보고 매장에 들어오고 매출을 일으켜줄 때 그 간판은 살아있는 것이다. 간판이 살아있어야 내 가게가 살아남는다.

비싼 간판이
매출을 올려주는 건 아니다

　최근 들어 간판 제작에 사용되는 소재가 다양해지면서, 도심 곳곳에서 고급스럽고 아름다운 간판들을 쉽게 볼 수 있다. 이러한 트렌드는 간판 제작 비용의 상승으로 이어지고 있다. 그러나 과연 비용이 적게 들어간 간판이 반드시 디자인이나 소재 면에서 열등하다고 볼 수 있을까?

　간판의 가치는 단순히 제작 비용과 비례하는 것은 아니다. 오히려 그 가치는 디자인의 창의성과 효과에 의해 결정된다. 매장의 인테리어에 가장 잘 어울리면서도 참신한 아이디어가 돋보이는 간판이야말로 고객들의 시선을 사로잡아 매장으로 유도할 수 있는 힘을 가지고 있다. 잘 디자인된 간판은 브랜드 이미지를 효과적으로 전달하고, 고객들에게 강렬한 첫인상을 남긴다. 반면에 디자인이 허술하다면, 아무리 고가의 재료를 사용했다 하더라도 그 효과는 생각보다 기대에 미치지 못할 것이다. 다음의 사례를 살펴보면서 효율적인 간판은 어떠해야 하는지 짚어본다.

비용 절감 효과를 극대화한 간판

대학가에 불고기 백반집을 창업하게 된 30대 사장의 이야기다. 요식업에서 다년간 경력을 쌓은 이 사장은 첫 창업을 준비하면서 간판 제작에 고민을 많이 했다. 가게 자리는 기존 프랜차이즈 카페를 인수하여 인테리어를 크게 바꾸지 않고 집기만 새로 구입하여 준비 중이었다.

사장은 여러 간판 업체로부터 견적을 받았다. 최종적으로 필자의 업체를 선택했다. 다른 업체들과 달리 기존 카페 간판의 갈바(철재) 상판을 재활용하는 아이디어를 제시했기 때문이다. 이 방법을 통해 기존 간판 위에 새로운 간판을 얹어 설치함으로써 철거비와 크레인 비용을 절약할 수 있었다. 더불어 제작 비용이 상대적으로 저렴한 소재를 사용하면서도 세련된 서체와 디자인을 적용하여 고급스러운 간판 효과를 만들어냈다. 사장은 비용 면에서 효율적이면서도 품격 있는 간판에 매우 만족하였다.

매장의 정체성을 전달하는 간판

한 고급 카페의 업주는 간판 제작에 상당한 금액을 투자했다. 고가의 재료를 사용하여 복잡한 공정의 화려한 간판을 완성했다. 언뜻 보기에 이 간판은 지나가는 사람들의 시선을 단번에 사로잡을 수 있었다. 그러나 예상과 달리 이 화려한 간판은 기대한 만큼의 성과를 거두지 못했다. 간판 자체는 돋보였지만, 카페의 정체성이 모호했다. 실제 고객의 경험과 간판이 주는 인상 사이에 괴리가 있었다. 결국 이 카페는 '간판만 번지르르한 가게'라는 평가와 함께 고객들의 발길을 카페로 끌어들이지 못했다. 단순히 비용을 들여 화려한 간판을 만드는 것만으로는 매출에 도움이 되지 않는다는 사례다. 간판은 매장의 정체성과 사장이 제공하려는 가치와 철학을 정확히 담고 있어야 고객들에게 진정성 있는 메시지를 전달할 수 있다.

창업이나 가게 이전 시 인테리어, 비품, 초기 운영 자금 등 많은 비용이 발생한다. 특히 코로나 이후 원자재 가격 상승으로 간판 제작 비용도 크게 상승했다. 이러한 상황에서 업주들이 간판에 들이는 예산을 최소화하고 싶어 하는 것은 당연한 일이다. 그러나 지나치게 저렴한 간판을 선택하면 오히려 역효과를 낼 수도 있다. 저가의 소재와 간단한 공정으로 만든 간판은 내구성과 디자인 완성도가 떨어져 고객에게 좋지 않은 인상을 줄 수 있다. 간판은 가게의 첫인상을 좌우하는

돼지 불고기 전문점

불백의신

돼지 불고기
전문점

불백의신

돼지 불고기
전문점

불백의신 가격표 （MENU） 감사합니다

메인메뉴	달콤불백	매콤불백	오삼불백	김치제육	토핑	치즈추가	사이드메뉴	미니물냉면 열무추가 500	미니비빔냉면	면류	물냉면	비빔냉면 열무추가 500	음료	2인 세트 메인메뉴 2가지 + 미니냉면 2가지 + 음 료 1개
금액	9,500	9,500	10,500	10,500		2,000		3,500	3,500		7,500	7,500	1,500	~~27,500~~ → 26,000

중요한 요소이므로, 비싸지 않으면서 적절한 비용 투자가 필요하다. 이때 전문 간판 제작 업체의 역할이 매우 중요해진다. 경험이 풍부한 간판 업체와 충분히 상의하면 주어진 예산 범위 내에서 최적의 디자인과 소재를 선택할 수 있다.

좋은 간판이란, 단순히 높은 제작 비용이나 고급 소재에 있기보다는 내 가게의 정체성을 고객들에게 정확하게 전달하고 호기심과 궁금증을 유발해 관심을 끌 수 있게 해야 한다. 그러기 위해서는 창의적이고 독창적이며 개성 있는 간판이 되어야 한다.

내 가게 앞 옆 간판을 살펴라

업주들은 내 가게의 간판만 튀면 된다는 생각을 하기 마련이다. 때문에 주위 가게들의 간판에 대한 특이점을 생각하지 못해 낭패를 보는 경우가 종종 있다. 예를 들어 내 가게 바로 옆이나 앞에 유명한 맛집 혹은 카페의 특이한 간판, 소품 또는 포토 존이 있는 경우 그것들이 내 가게로 오는 고객의 시선을 방해할 수 있다. 그것들로 인해 사람들의 관심이 분산되거나 다른 가게의 간판으로 집중되어 내 가게로 고객이 유입되지 않는다면 비싼 돈을 들여 제작한 간판은 아무 효용가치가 없다. 효과도 보지 못할 뿐만 아니라 옆 가게에 좋은 일만 하는 꼴이 되고만다.

신학기 개학을 앞두고 음악학원에서 간판 제작 의뢰가 들어왔다. 연락을 받고 간 곳은 오래된 아파트 상가의 2층으로 인테리어가 한창이었다. 상가는 긴 복도를 따라 음악학원이 이미 2곳이나 있는 경쟁이 치열한 위치였다. 이 음악학원의 위치를 알고 찾아오기란 쉽지 않아 간판의 역할이 그 어느 때보다 중요한 상황이었다.

상가 2층은 이미 타 학원들의 간판이 즐비해 있고, 1층에 입점한 가게들은 자신들의 간판이 더 잘 보이도록 상가의 빈 곳을 찾아 무작위로 달아놓았다. 의뢰가 들어온 학원 간판은 기존 음악학원 2곳의 간판을 피해서 달아야 하는 것을 물론, 상가 복도를 따라 일렬로 설치되어 있는 간판들 사이에서 한눈에 들어와야 하는 문제가 있었다. 또 다른 음악학원과도 차별화를 주어야 하는 쉽지 않은 시공이었다.

먼저 기존의 두 학원 간판과 인테리어를 살폈다. 두 곳 모두 학원 입구 유리창에 화이트와 블랙으로 피아노와 건반 일러스트가 들어가 있었다. 의뢰받은 학원에는 양쪽 학원의 특징을 고려해 돌출 간판을 달기로 했다. 색상은 연한 핑크 배경에 검은색 문구로 눈에 잘 띄게 했고 서체도 아이들이 다니는 학원의 특성을 살려 귀엽고 세련되게 디자인하여 옆의 타 학원과 겹치지 않게 제작하기로 했다.

대부분의 음악학원 출입구는 피아노 건반을 출력해서 부착하는 것이 일반적이다. 학원 원장과 상의하여 이곳에 차별화를 주기로 했다. 학원 상담을 오는 학부모나 아이들이 기존의 음악학원 이미지에서 벗어난 카페 같은 학원에서 편하고 재미있게 접근할 수 있도록 하자는 것. 일단 출입구 유리창에 입체감이 있는 독특한 건반을 부착하여 학원생들에게 재미를 주자는 의견의 일치를 보았다. 학원 앞을 지나는 사람들에게 재미와 호기심을 줄 수 있다고 생각했다. 아이들도 학원을 오가며 손가락으로 건반 모양을 두드려 보고 지나갈 수 있도록 하고, 학원의 외부 유리창은 실내에서 쉬폰 커튼을 달아 학원 내부를 자유롭게 볼 수 있도록 했다. 현관문은 골드 시트를 부착하여 고급스러운 카페 입구처럼 꾸몄다. 간판 시공을 마치고 나니 핑크 계열의 실내 인테리어와 현관의 디자인이 자연스럽게 연출되어 원장과 필자 모두 만족한 결과물을 얻었다.

식당의 경우 내 매장 옆에 프랜차이즈 커피숍의 대형 광고판이 있다면 내 가게 간판이 가려지는 경우가 있다. 이때는 내 간판의 배경색과 주위 배경색을 고려해 간판을 제작하는 것이 매우 중요하다. 또 내 간판의 모양과 색채가 주변의 다른 간판과 비슷하거나 같다면, 간판과 배경이 융합되어 착시현상이 일어날 수 있다. 그렇게 되면 간판의 가독성이 떨어져 고객의 시선을 끌지 못하고 지나쳐버리게 된다. 이런 경우 대형 현수막을 활용해 시선을 끌거나, 가게 입구 유리창에 먹고 싶은 충동이 일도록 메뉴사진과 일러스트를 유리창에 부착하는 방법도 있다.

입간판 제작 시 바로 옆에 유명 맛집 간판이 내 가게 간판보다 너무 튀는 경우도 있다. 이때는 유명 맛집 간판 색상과 대비되는 색상을 선택하고, LED 채널 간판으로 제작해 밝기를 더 높인다. 이렇게 함으로써 고객들의 시선을 효과적으로 사로잡을 수 있다.

마지막으로 멀리에서는 한눈에 들어왔던 간판이 가게 앞으로 다가갈수록 잘 보이지 않는 경우가 있다. 이는 간판이 너무 크기 때문이다. 이때는 다양한 종류의 보조 간판을 활용하는 것도 좋다.

간판을 설치하고자 한다면 내 가게뿐 아니라 주변 상황을 꼼꼼히 살펴 간판의 색상, 재료, 위치, 부가 요소 등을 전략적으로 활용해야 한다. 단순히 크고 화려한 간판만으로는 부족하다. 고객 시선을 사로잡기 위해서는 주변 환경까지 체크하고 설계해야 한다.

2장

SNS보다
강력한 종이 명함

잘 만든 명함의
필수 요소

사람의 첫인상이 중요하듯 명함의 첫인상도 중요하다. 우리가 직장에 입사하거나 장사를 할 때도 명함은 필수이다. SNS가 발달하기 전이나 플랫폼이 발달한 지금도 명함은 나를 알리고 내가 하는 일의 가치를 전할 수 있는 가장 기본적인 수단이기 때문이다.

손바닥보다 작은 종이에 나를 어필할 수 있는 명함, 어떤 명함이 잘만든 것일까. 바로 디자인이 신선하고 독창적이며 아이디어가 넘치는 명함이다. 또한 내가 지금 하는 일과 나의 사업 철학을 담아내야 한다. 그러나 실제로 명함을 만들고자 할 때 어떤 정보를 넣어야 할지 망설이는 경우가 많다. 가장 기본적인 사항으로 상호, 이름, 직위, 주소, 전화번호, 이메일주소, SNS 주소 등이다. 이 필수 기재 사항을 자칫 하나라도 빠뜨리지 않으면서 보기 좋고 개성 있는 명함을 잘 만들어보자.

다음은 명함 제작 의뢰 시 알아야 할 팁이다. 잘 숙지해 놓으면 명함을 만들 때 도움이 될 것이다.

하나, 자신이 하는 일을 간명하게 넣고 그 일에 대한 철학을 넣어 전문성과 신뢰감을 부각한다. 간혹 드문 일이지만, 자신이 하는 일을 넣지 않고 제작하는 경우가 있다. 이는 전문성이 떨어져 보일 뿐만 아니라 명함을 받은 고객이 시간이 지나면 명함을 준 사람이 정확히 어떤 일을 하는지 기억하지 못할 수 있다. 반대로 명함에 여러 직업을 자랑하듯이 나열하거나 명함의 앞뒤로 주요 일과 연관성이 전혀 없는 직함 등을 백화점식으로 넣어 제작하는 고객들이 있다. 이는 결코 잘 만든 명함이라고 할 수 없다.

둘, 명함에 너무 많은 SNS 주소를 넣지 않는다. 명함을 처음 제작하는 경우 고객들과 소통할 수 있는 통로를 하나로 모아야 한다. 그렇지 않으면 자칫 고객과 업주 간의 중요한 전달 사항을 놓칠 수 있다. 복잡한 주소는 차라리 넣지 않는 게 좋다.

셋, 사업장 주소를 빠뜨리지 않는다. 주소가 없는 명함은 고객에게 신뢰감을 주지 못한다. 물건을 사고파는데 사업장이 없다면 고객 입장에서 불안할 수 있다. 믿고 신뢰할 수 있는 거래를 못할 수 있기 때문이다. 주소는 되도록 정확하게 넣는 것이 좋다.

2장

넷, 명함의 뒷면에 자신만의 기술 노하우나 팁을 알려준다. 명함 뒷면에 나만의 오랜 경험과 노하우를 넣고 만약 노하우나 팁이 없다면 사장의 경영 마인드나 철학을 넣어 자기 자신을 어필하는 것도 좋다.

다섯, 동아리나 공익단체 등에서 활동하는 내용을 넣는다. 이는 나의 가치관을 알리는 것으로써 고객과의 커뮤니케이션 도구로 활용한다. 단, 너무 많은 활동 내용은 오히려 신뢰감을 떨어뜨릴 수 있다.

여섯, 로고, 상호, 연락처 등 핵심 정보는 여백을 주어 간결하게 배치한다.

일곱, 명함은 누구에게 주느냐에 따라 실용성을 충분히 고려한다. 지나치게 유행을 좇아 만들면 금방 유행이 변하므로 경제적으로도 낭비다. 작은 명함이라 할지라도 균형을 잡는 것이 필요하다.

여덟, 리플릿, 포스터 등 다른 홍보물과 명함 디자인을 연계하면 브랜드 인지도를 높일 수 있다. 동일한 폰트, 색상, 로고 등을 활용해 일관된 이미지를 구축해 보자.

아무리 SNS가 발달하여 휴대폰으로 디지털 명함을 주고받는 시대가 되었다 할지라도 사업을 시작할 때 혹은 새로운 이미지를 고객에게 알리고자 할 때 종이 명함이 있으면 좋다. 고객이 종이 명함을 바라보면서 아날로그의 향수를 불러일으킬 뿐만 아니라 그 순간 업주에 대해 집중할 수 있기 때문이다. 잘 만든 종이 명함은 사업의 필수이다.

패스트 명함
오래 남을 명함

유니클로, 자라 등과 같이 저렴한 가격, 빠른 생산과 유통으로 대량 판매되는 의류를 패스트 패션이라고 말한다. 과잉 생산과 소비로 이어져 한두 번 입고 버려지는 옷들이다. 이는 편리하지만, 환경오염과 기후 위기를 가속한다. 명함 제작 역시 이와 유사한 변화를 겪고 있다. 대량 생산 시스템의 도입으로 제작 속도가 크게 향상되었지만, 이 또한 환경에 부담을 주고 있다. 종이 명함은 재활용이 가능하지만, 종이 생산을 위한 나무 벌목은 여전히 기후 변화에 영향을 미친다. 더욱이 명함 교환이 단순한 예의나 관행으로 여겨지면서 많은 명함이 한 번 사용되고 버려지는 경우가 허다하다. 필자는 이런 명함을 '패스트 명함'이라고 말하고 싶다. 디지털 시대에도 사업에 있어 여전히 중요한 명함, 어떻게 하면 받는 사람이 쉽게 버리지 않고 오래 보관하게 만들 수 있을까. 어떻게 만들어야 강렬한 첫인상을 남기게 할 수 있을까?

기본에 충실해야 한다

연락처와 같은 필수 정보를 명확하고 읽기 쉽게 배치하고, 사장님
의 경력, 철학, 비전을 암시하는 문구나 대화를 유발할 수 있는 요소를
추가한다. 이는 명함을 받는 사람에게 호기심을 자극하고 기억에 오래
남게 한다.

디자인에 집중한다

강렬한 색상, 대비되는 요소, 독특한 모양 등을 활용해 시선을 사로
잡는다. 하지만 트렌드를 따르되 지나치게 유행에만 치우치지 않도록
주의한다.

다양한 컬러로 눈에 띄게 한다

앞뒷면을 통일된 컬러로 디자인하거나, 대조적인 색상을 사용해 강

럴한 인상을 주는 것도 방법이 될 수 있다. 최근에는 형광색이나 파스텔톤 등 별색의 다양한 색상이 활용되고 있다.

다양한 후가공 기법을 적용한다.

후가공 기법은 명함을 돋보이게 하는 요소이다. 모서리를 둥글게 가공하거나, 특정 부분에 엠보싱 혹은 박 작업을 하는 등 입체감을 준다, 이 외에도 레이저 컷팅, 타공 등 다양한 방식이 있다.

다양한 종이 재질로 명함에 질감을 준다

명함은 즉석에서 주고받는 동시에 바로 확인한다. 이때 손에 잡히는 명함의 질감이 중요한 포인트가 될 수 있다. 명함의 재질은 일반 코팅지부터 수입지, 크라프트지, 한지 등 다양하다. 필자는 환경보호 면에서 플라스틱 소재는 지양하는 편이다. 얼마 전 친환경 제품을 만드는 회사에서 의뢰하여 재생 종이에 콩기름 잉크로 인쇄한 명함을 제작했는데 회사의 자연친화적인 이미지와 잘 어울렸다.

미니멀리즘 디자인으로 차별화한다

최근 명함 디자인의 트렌드는 단연 미니멀리즘이다. 불필요한 요소를 과감히 덜어내고 깔끔하고 세련된 디자인을 추구한다, 이는 강렬한 인상을 심어주는 동시에 여백의 미학으로 부드러운 이미지를 전달할 수 있다. 필자는 명함 디자인을 수년 동안 해오면서 가로 9cm 세로 5cm의 작은 지면에 공간 배분을 어떻게 하느냐가 잘 만든 명함이 될 수 있음을 피부로 느낀다.

모바일 명함도 빼놓을 수 없는 트렌드이다

단순히 정보 전달을 넘어 빠르고 효과적인 마케팅 수단이 될 수 있기 때문이다. 최근 한 아파트 분양 업체에서 전단지와 명함을 합친 형태의 모바일 명함을 필자에게 의뢰했다. 이 경우 불특정 다수에게 반복적으로 정보를 전달할 수 있는 이점이 있다. 다만 단순히 이미지를 첨부하는 것보다 웹페이지로 연결되도록 하는 것도 홍보 효과를 효과적으로 높이는 방안이 될 수 있다.

결국 중요한 것은 균형이다. 시선을 끌면서도 개성을 담고, 스토리텔링을 하면서 실용성을 갖춘다면 고객의 지갑 속에 오래도록 남을 수 있는 인상 깊은 명함이 될 것이다. 이렇게 만들어진 명함은 단순한 연락처 교환 수단을 넘어, 브랜드를 전달하는 강력한 도구가 될 수 있다. 특별한 명함으로 첫인상부터 차별화하는 것이다. 작은 종이조각이지만 무한한 가능성을 품고 있는 명함, 치열해지는 비즈니스 환경 속에서 나만의 브랜드를 만드는 열쇠가 될 수 있기를 바란다.

명함 속 화려한 스펙 고객은 관심 없다

　명함은 단순한 종이조각이 아니다. 한 사람의 인생이 담긴 작품이다. 수많은 고객을 만나면서 명함에 대한 태도가 다양함을 발견한다. 필자는 수년 동안 명함 디자인을 하며 정말 다양한 업종의 사람들을 만났다. 이 과정에서 디자이너라는 직업으로 다양한 인맥을 쌓아오면서 고객들을 분석해 보았다.
　명함 디자인을 의뢰하는 고객은 두 부류로 나눌 수 있다.

　첫째, 지나치게 많은 정보를 담으려고 하는 고객이다. 자신의 모든 스펙과 이력을 명함에 다 담고 싶어 한다. 지금 하는 일과 전혀 관련이 없는 스펙까지 넣고자 한다. 이 경우 명함의 제한된 공간에 글자를 너무 많이 넣게 되어 가독성이 떨어질 수밖에 없다. 스펙을 최대한 담기 위해 글자 크기를 작게 하거나 여백 없이 빽빽하게 채워야 해 복잡한 명함이 된다.

둘째, 나를 알리는 하나의 간단한 수단으로 생각하는 경우다. 필자에게 "디자이너이니 알아서 예쁘게 만들어 주세요!"라는 한 마디뿐이다. 디자인이 나오면 의뢰자는 수정도 하지 않고 바로 인쇄해달라고 한다. 물론 필자는 수월하게 납품할 수 있어서 좋다. 그러나 명함을 의뢰한 고객이 꼼꼼하게 교정을 봐 주지 않는다면 완성도가 떨어질 수밖에 없다. 주로 20, 30대 젊은 사장이 그런 경우다. 명함을 한 번 쓰고 버리는 종잇조각으로 가볍게 생각하기 때문일까?

요즘 명함 디자인 트렌드는 젊은 세대일수록 심플하고 모던한 미니멀리즘 스타일을 추구하는 반면, 나이가 있는 고객들 즉, 1인 기업의 대표, 영업사원, 강사 등은 자신의 프로필, 스펙 등 많은 정보를 넣어 자신을 적극적으로 알리기를 선호한다.

L 씨는 필자의 오랜 고객으로 전국을 다니며 강의하는 강사이다. 그녀의 기존 명함에는 이미 상당한 스펙이 차고 넘쳤다. 그런데 스펙을 추가로 더 넣기를 원했다. 지면은 한정되어 있는데 스펙이 추가되니 디자인 잡기가 난감했다. 필자가 파악한 문제는 명함의 앞뒷면에 빼곡히 들어간 생소한 프로필과 쉽게 접하기 어려운 전문적인 내용들이다. 고민 끝에 고객들이 명함의 내용을 다 읽을지 의문이라고 의견을 말했

다. 해결 방법으로 명함의 정보를 체계적으로 압축하여 요약하고 꼭 넣어야 하는 정보가 있다면 QR코드나 온라인 프로필 링크를 통해 부가 정보는 명함 외부로 가져가는 대안이 있다고 설명해 주었다.

명함 디자인은 정보 전달과 가독성, 그리고 미적 측면을 두루 고려해야 하는 과제이다. 하지만 자신을 알리고 싶은 욕심에 화려한 스펙을 한정된 명함 지면에 다 넣고 싶어 한다. 그러나 고객은 명함 속 내용을 꼼꼼하게 읽지 않는다. 오히려 화려한 스펙이 담긴 명함을 준 사람의 정체성을 의심할 수 있다. 따라서 가장 핵심적인 정보를 효율적으로 전달하기 위해 명함 디자이너와 충분한 의사소통을 통해 정보를 정리하고 압축해야 한다. 그래야 디자인 면에서도 균형 잡힌 좋은 명함을 만들 수 있다.

명함은 당신의 얼굴이다

명함은 단순한 연락처 교환 수단이 아닌, 비즈니스 철학과 브랜드 정체성을 반영해야 한다. 사업주들은 명함을 의뢰할 때 개인적 관점에서 접근하는 경향이 있다. 그러나 명함은 내 사업체의 얼굴이자 브랜드 아이덴티티를 표현하는 중요한 마케팅 도구이다. 명함을 받는 사람이 주는 사람의 사업 정체성을 충분히 알 수 있는 마케팅 도구로서의 역할을 다해야 한다.

필자는 종종 명함의 정체성이 모호한 잘못된 사례를 만나곤 한다. 업종과 무관한 과거 수상 내력, 학위 등을 나열하여 이력서 같은 명함을 제작해달라고 요구하는 경우가 있다. 하지만 시간이 지나면 명함을 받은 사람이 명함을 준 주인공과 업체를 기억하기란 쉽지 않다. 그렇게 되면 결국 명함은 본래 목적을 잃고 버려지고 만다. 성공적인 명함 디자인을 위해서는 고객 관점에서 출발해야 한다. 고객이 주는 사람의 명함을 보고 전문성과 신뢰감을 느낄 수 있도록 디자인하는 것이 핵심이다. 이를 통해 자신의 비즈니스를 확실히 어필할 수 있다.

영업을 중심으로 하는 업종의 경우, 회사 자체 목표나 슬로건이 담긴 명함이 효과적이다. 예를 들어 보험, 제약, 부동산 등의 영업사원 명함을 예로 들어보자. 이들의 명함에 긍정적 메시지가 들어가면? 틀림없이 고객에게 그들의 비즈니스를 분명히 각인시킬 수 있다. 매출 상승은 두말할 것도 없다. 결론적으로 명함 디자인은 어떤 방식으로 디자인하고 활용하느냐에 따라 매출이 달라질 수 있다.

사례 1

한 공인중개사 대표가 명함 제작을 의뢰해 왔다. 일반적인 부동산업체 명함은 앞면에는 상호, 이름, 직위, 주소, 전화번호가 들어가고 뒷면에는 부동산 거래 시 필요한 서류 목록을 적어 넣어 제작하는 게 대부분이다. 하지만 의뢰자는 아파트 분양을 전문으로 하는 공인중개사이다. 그는 명함 뒷면에 "여러분과의 소중한 인연을, 여러분과의 소중한 만남을, 여러분과의 소중한 계약을 잊지 않겠습니다. 항상 감사합니다." 라는 문구를 넣어 기존 부동산

업자들의 명함과 차별화했다. 그와 아파트를 계약하고 싶어 하는 고객이 많은 것은 두말할 나위 없다.

사례 2

요양원을 새로 지어 이전 오픈하게 된 박○○ 원장이 명함 제작을 의뢰하면서 앞면은 기본 정보를 넣고 뒷면에는 할아버지, 할머니의 귀여운 일러스트와 함께 "사랑합니다! 존경과 감사의 마음으로 정성껏 모시겠습니다"라는 문구를 넣어달라고 했다. 원장은 어르신을 모실 때 사랑과 존경의 마음가짐이 가장 중요하다고 강조했다. 슬로건의 의미를 들어보니 원장 자신은 물론 직원들 모두 어르신들을 모실 때 사랑과 존경하는 마음을 항상 가지는 것이 무엇보다 중요하다는 것이다. 원장은 명함뿐만 아니라 요양원에서 생활할 때 주요 이동 장소마다 시각적으로 슬로건을 반복 노출했다. 직원들에게도 자주 보이고 마음에 각인하는 과정이 꼭 필요하다는 게 원장의 오랜 경험에서 나온 노하우였다. 이는 의뢰자인 원장이 추구하는 가치관을 잘 보여주는 인상 깊은 명함이었다.

이처럼 명함에 드러난 가치관과 철학은 고객에게 큰 인상을 남긴다. 최근 기업들도 인재 채용 시 지원자의 가치관을 중요시하고 있다. 화려한 경력보다 개인의 마인드와 가치관이 더 중요해진 것이다. 이러한 트렌드를 반영하여 명함 디자인에 가치관을 담아내는 것도 좋다.

강력한 마케팅 도구로서 명함을 활용하기 위해서는 무엇보다 차별화가 관건이다. 차별화된 슬로건, 메시지, 일러스트 등을 활용하여 비즈니스 철학과 브랜드 정체성을 고객에게 분명히 전달할 수 있어야 한다. 이를 통해 고객의 신뢰와 주목을 끌어낼 수 있을 것이다.

내 얼굴이 들어간 명함 괜찮을까

명함을 주고받는다는 것은 서로에게 중요한 인상을 남기는 수단이자 도구이다. 따라서 많은 사람이 자신이 얼굴을 명함에 넣기도 한다. 이는 받는 사람 쪽에서 명함을 준 사람이 더 친근하게 느껴질 수 있다.

명함에 얼굴 사진을 넣고 싶은가. 그렇다면 몇 가지 주의가 필요하다. 명함 속 내 얼굴은 전문가적인 이미지를 전달하면서 받는 사람에게 인상적으로 다가와야 한다. 하지만 자칫 위험 요소도 따른다. 잘 나온 자신의 얼굴을 넣고 싶은 욕심에 사진을 잘못 사용하는 경우다.

현재의 내 모습을 잘 표현한 사진은 상대방에게 호감을 줄 수 있지만, 반대로 꽤 시간이 지난 사진 즉, 10년 전 사진을 사용한다면 현재의 모습과 차이가 크게 나 자칫 고객에게 부정적인 인상을 줄 수 있다. 또 고객에 따라 호불호가 갈릴 수 있다. 때로 상대방에게 명함의 내용보다 얼굴만 기억된다거나, 현재의 모습과 비교되어 얼굴 사진에 집중된 나머지 진짜 중요한 정보를 놓칠 수 있기 때문이다. 이를 피하려면 최근 사진을 사용하거나 자신의 개성을 잘 살린 프로필 사진을 선택하는 것이 자신을 가장 돋보이게 하면서도 고객에게 긍정적인 인상을 남길 수 있다.

다음 사례는 명함에 얼굴 사진을 넣었다가 후회한 사례이다.

40대 여성 K 씨는 보험영업을 새로 시작하면서 명함에 꽤 오래된 사진을 넣고자 했다. 포토샵으로 보정해 주었지만, 세월의 흐름을 막을 수 없듯 그녀의 현재 모습과 차이가 크게 났다. 그녀가 고객들에게 명함을 주면 그들은 명함 속 얼굴과 현재의 모습을 비교하며 모두 한마디씩 했다. 명함이 보험영업을 위해 주고받는 본질에서 벗어나 그녀의 얼굴을 평가하는 자리가 된 것이다. 이에 상처받은 그녀는 명함을 다시 제작할 수밖에 없었다.

명함에 넣을 얼굴을 사진 촬영하는 대신 캐리커처 이미지로 개성을 드러내기도 한다. 약간은 과장되고 해학적인 캐리커처 스타일은 친근함과 재미를 더해준다. 여기에 전문성과 창의성을 엿볼 수 있는 요소를 가미한다면, 상대방이 자신을 잘 기억할 수 있을 것이다. 이때, 매력적이면서 품위 있는 모습을 보여주는 게 관건이다. 제작 과정에서 자신의 개성이 잘 묻어날 수 있도록 여러 스타일을 시도해 보는 것도 좋다.

물론 캐리커처 명함이 모든 직업에 다 맞는 것은 아니다. 내 상황과 분위기를 고민하고 적절히 사용해야 한다. 따라서 캐리커처 명함은 장점과 단점이 있으므로 디자인 의도와 목적, 이미지에 맞춰 적절히 활용한다면 재미있고 기억에 남는 명함이 될 수 있다.

다음은 명함에 쓸 프로필 사진 촬영 시 실패하지 않는 팁이다.

첫째, 정면 사진보다 45도 각도인 일명 '얼짱 각도'로 찍어라. 얼굴선이 부드러워 보인다.

둘째, 단순한 얼굴 사진보다는 자신의 개성을 담아라. 예를 들어 글쓰기를 좋아한다면 글 쓰는 모습을, 꽃을 좋아한다면 꽃을 소품으로 이용하여 프로필 사진을 촬영한다.

셋째, 의상은 되도록 단순한 디자인의 무채색을 입어라. 복잡한 패턴이 있거나 강렬한 색상의 의상은 시선을 분산한다.

넷째, 최소 300dpi 이상의 고해상도 얼굴 사진을 사용한다. 이미지가 선명하고 뚜렷하게 보여 전문성이 느껴진다.

명함에 내 얼굴을 넣고 싶다면 이러한 사항들을 잘 체크한 뒤 결정해야 후회하지 않는다. 한번 제작되어 나온 명함은 버리자니 아깝고 다시 만들자니 시간과 돈이 이중으로 들어가 후회할 수도 있기 때문이다.

아까워서 쓰는 명함, 버려라

명함은 비즈니스 세계에서 자신의 정체성과 연락처를 공유하는 중요한 수단이다. 사람의 첫인상처럼 명함의 첫인상 또한 디자인과 재질, 인쇄 품질 등은 개인이나 회사의 이미지를 보여줄 수 있다. 이때 종이 명함이 오타가 있거나, 사업장 이전으로 주소가 변경되었을 경우, 과감하게 기존 명함을 버리고 다시 제작하는 것이 회사의 브랜드나 나의 이미지를 실추시키지 않는 방법이다.

스마트 폰이 발달하여 편리성과 함께 빠르게 정보를 전달하는 디지털 명함 즉 모바일 명함도 꾸준히 의뢰가 들어오고 있다. 장점이 많은 것은 사실이다. 첫째로 친환경적이며, 휴대성이 좋다. 또한 정보를 실시간으로 변경할 수 있어 최신 정보를 유지할 수 있다. 여기에 더해 연락처 정보뿐만 아니라 SNS 링크, 영상, 포트폴리오 등 다양한 정보를 담을 수 있다. 다만 디지털 명함은 편리성과 비용 절감 측면에서 장점이 있지만, 개인정보의 보안과 기술 의존성 등의 단점도 고려해야 한다.

명함 교환은 첫 만남에서 단순한 정보 전달을 넘어 더 깊은 의미를 지닌다. 상대방의 취향과 개성을 엿볼 수 있으며, 대화의 시작점이 된다. 또 명함에 담긴 회사 슬로건이나 개인의 스토리는 자연스러운 대화 주제로 이어질 수 있어, 초기의 어색한 분위기를 부드럽게 만든다. 따라서 명함은 대면 상황에서 즉각적으로 주고받을 수 있는 유형의 물건이라는 점에서 디지털 도구와는 다른 가치를 지닌다. 이러한 특성들로 인해 명함은 비즈니스 관계 형성의 첫 단계에서 강력하고 효과적인 도구로 자리 잡고 있다.

하지만 작은 명함 종이 한 장이 예상치 못한 문제를 일으킬 수도 있다. 이름이나 전화번호, 이메일 등 잘못 인쇄된 명함을 제작 비용을 아끼기 위해 버리지 못하고 사용하는 경우가 있다. 그러나 이런 명함은 차라리 사용하지 않는 게 좋다. 간혹 오타가 있는 명함을 사인펜이나 볼펜으로 수정하여 고객에게 준다면 명함이 첫인상의 중요한 역할을 하지 못할뿐더러 소홀한 이미지 관리와 전문성 저하로 인해 고객에게 부정적인 인상을 줄 수 있다.

또한 요즘 같은 기후 위기 속에서 명함 제작 시 환경을 고려해야 한다. 플라스틱이나 비닐 코팅된 명함은 재질의 특성상 분해되는 데 수십 년의 세월이 걸리므로 환경에 해로울 뿐만 아니라 개인정보 유출의 위험도 있다. 따라서 필자는 특별한 요청이 없는 한 친환경 소재가 아닌 명함을 권장하지 않는다.

몇 해 전 사무실 이전 중 직원이 쓰지 않는 명함 박스를 급한 마음에 일반종이와 함께 버린적이 있었다. 그 후 청소업체로부터 항의 전화를 받았다. 이 일을 계기로 명함은 개인정보가 포함되어 있으므로 반드시 종량제 봉투에 넣어 처리하게 되었다. 비록 버리기 아까운 명함이지만, 그렇다고 함부로 버려서도 안 된다.

디지털 콘텐츠 명함 '똑똑'을 개발한 인포미(대표 김명옥)의 조사에 의하면 '고객이 명함을 받으면 90% 정도가 일주일 안에 버린다고 한다.' 그렇다면 내 명함이 일주일 안에 버려지지 않게 하려면 어떻게 해야 할까? 첫 번째 고객이 원하는 정보가 꼭 들어가 있는가이다. 디자인에만 집중한 나머지 정말 필요한 정보가 없다면 누군가에 의해서 쉽게 버려질 것이다. 따라서 오타나 잘못된 정보로 인쇄된 명함은 나의 이미지를 위해 과감히 폐기하는 것이 현명한 선택이다.

3장

잘 만든
로고 디자인은
팔방미인이다

비싸게 만든 로고 디자인
과연 매출을 올려줄까

로고는 고객이 상호를 기억하고 알아보게 하기 위해서는 꼭 필요한 아이덴티티이며 매출로 이어지는 내 사업의 얼굴이다. 그러나 로고 디자인과 브랜드가치 사이의 관계는 복잡하다. 필자가 지난 경험을 바탕으로 볼 때, 로고의 비용과 그 효과는 반드시 비례하지는 않는다.

창업을 준비하는 예비 사장님들, 기존의 로고를 세련되게 바꾸고 싶은 사장님들 중 로고 디자인을 대형 디자인기획사에 의뢰하는 경우를 마주친다. 예를 들어 플랫폼 업체 '크몽' 같은 곳의 디자이너에게 의뢰해 적게는 수만 원, 많게는 일백만 원 이상의 비용을 지불하여 제작하는 경우가 대표적이다.

누구나 쉽게 온라인을 통해 디자인 의뢰가 가능해지면서 필자에게도 온라인 업체에서 만든 로고 파일로 간판이나 인쇄물을 제작 의뢰하는 경우가 늘어나고 있다. 특히 젊은 사업주들인 20~30대는 SNS의 영향력이 커지면서 갈수록 늘어나는 추세이다. 하지만 의뢰가 들어온 로고 디자인이 정말 합리적인 가격인지 의문이 들 때가 종종 있다.

얼마 전 미용실을 운영하던 원장이 필자의 업체에 인쇄물을 의뢰해 왔다. 원장은 미용실 창업 시 비교적 규모가 있는 대형 디자인 업체에 로고 디자인을 의뢰했다고 한다. 이유는 큰 업체가 당연히 디자인을 잘 만들 것이라는 생각에서였다. 문제는 명함 한 통을 제작할 때도 그 업체의 기본 단가가 높다보니 고비용을 지불해야 하는 부담이 있었다. 필자는 원장님으로부터 로고 디자인 제작비용을 듣고 깜짝 놀랐다. 이 로고가 정말 그만큼의 가치를 하고 매출을 올려 줄지 의문이었다.

필자가 오랜 시간, 디자인을 하며 깨달은 것은 큰 업체나 작은 업체나 디자인은 큰 차이가 없다는 것이다. 예를 들어 규모 있는 업체에서 일하던 디자이너가 경력이 쌓이거나, 업종의 특성상 이직률이 많은 관계로 다니던 회사를 그만두고 창업하는 경우가 많기 때문이다.

또한 대부분의 디자인 업체는 가격을 공개하지 않는 게 일반적이다. 업체들은 합리적인 정찰제를 말하지만 내가 정한 가격이 정찰제이다.

한마디로 '부르는 게 값'인 것이다. 이때 디자인 업체의 규모가 크면 클수록 운영 자금이 더 필요하다. 직원 급여, 사무실 유지비 등 소형 업체보다 비용이 더 많이 지출되기 때문이다. 따라서 그런 비용이 디자인 비용에 적용될 수밖에 없는 구조다.

디자인 가격이 저렴하다고 해서 실력이 떨어지고, 고가여서 뛰어난 것은 아니다. 무엇보다 중요한 것은 규모보다는 트렌디한 포트폴리오와 디자인 교정을 몇 번이고 편안하게 피드백할 수 있는 업체여야 한다. 여기에 가격이 합리적인지도 잘 따져봐야 한다. 즉 나에게 맞는 디자인 업체를 찾고 선택하는 것이 중요하다.

창업을 준비하는 경우 로고 디자인을 만들어야 할 때 알아두면 좋은 두 가지 유용한 웹 사이트를 소개한다.

핀터레스트 (Pinterest)

퀄리티가 뛰어나 디자이너들 사이에서 널리 사용되는 강력한 검색 플랫폼으로 내 사업장의 로고 디자인에 영감을 줄 수 있다.

라우드소싱 (Loudsourcing)

"디자인부터 제작까지 한 번에!"라는 타이틀로 디자인공모전의 갓 탄생한 로고 디자인들이 계속 업로드되는 최신 트렌드를 파악할 수 있다.

로고의 가치는 단순히 그 제작 비용이 많고 적음이 아니다. 브랜드 전반에서의 역할, 타깃 고객과의 공감대, 일관성 있는 적용이 중요하다. 따라서 고비용의 로고가 즉각적인 매출 상승으로 이어지리라 기대하기보다는 장기적인 브랜드 구축의 한 요소로 보는 것이 중요하다.

사장만 모르는
내 가게의 나쁜 시그니쳐

시그니처는 단순한 장식이 아닌 브랜드의 본질을 표현하는 전략적 도구이다. 잘 만든 시그니처는 고객의 마음속에 강한 인상을 남기고, 재방문을 유도하며, 궁극적으로는 브랜드 가치를 올려주는 데 큰 역할을 한다. 따라서 시그니처는 내 가게만의 고유한 정체성을 나타내는 독특하고 기억에 남는 요소이다. 이는 단순한 로고나 간판을 넘어서는 개념으로 고객의 모든 감각과 경험에 영향을 미친다. 예를 들어 시각, 청각, 후각, 촉각, 미각, 서비스, 마지막으로 스토리텔링까지 총체적인 브랜드 표현이라고 할 수 있다.

여유로운 주말 오후, 필자는 아이와 지인을 데리고 즐겨 찾는 대형 베이커리 카페를 방문했다. 이 카페는 600평의 대지에 1층과 2층 각

300평으로 총 1,200평 규모의 넓은 공간을 자랑한다. 내부는 돔 형식의 높은 천장과 1, 2층 중앙이 트인 개방감 있는 구조로 테이블 간 여유로운 간격 덕분에 글쓰기나 독서를 즐기기에 더없이 좋은 곳이다.

카페의 1층 중앙에는 이 카페의 시그니처인 유선형의 테이블과 2층으로 연결된 계단형 벤취 측면에는 카페의 로고와 마크가 가장 눈에 들어온다. 아쉽게도 계단과 벤취에 대형으로 부착되어 있는 로고와 마크가 카페에 곳곳에 과하게 노출되어서 카페를 더욱 산만하게 만든다는 느낌이 들었다. 이날도 카페는 한산했다. 필자는 2층에 자리를 잡고 오랜만에 만난 지인과 담소를 나누며 즐겁게 시간을 보내고 있었다. 그러던 중 갑자기 1층 시그니처 스테이지 공간의 중앙 홀에서 귀를 찢는 듯한 마이크 소리와 함께 누군가 노래를 부르기 시작했다. 순간 당황하여 무슨 일인지 확인하고자 1층을 내려다보았다. 들어올 때는 미처 보지 못했던 '버스킹공연 신청받습니다!'라는 배너를 발견했다. 그러니까 버스킹공연이 시작된 것이다.

예기치 못한 상황에 우리의 대화는 중단되었다. 더 황당했던 것은 이러한 공연에 대한 사전 공지가 전혀 없었다는 점이었다. 주변을 둘러보니 다른 손님들도 당황한 기색이 역력했다. 특히 건너편에서 공부하던 딸과 엄마는 갑작스러운 소음에 서둘러 짐을 싸는 모습이 눈에 띄었다.

필자는 이 카페의 문제가 사전 공지 없이 갑자기 시작되는 버스킹

공연으로 카페 이용자들이 당황할 수 있다는 것이다. 특히 조용한 환경을 기대하고 온 고객들에게 문제가 될 수 있다. 사전에 공지가 되었다고 하여도 공연 시간과 볼륨을 적절히 조절하거나, 버스킹 존을 별도로 만들어 카페 이용자에게 피해자가 없어야 한다. 카페의 넓고 개방된 스테이지 공간을 활용한 버스킹 공연이 고객에게 감동은 주지 못할망정 피해를 주어서야 어디 시그니처라고 할 수 있겠는가.

위 사례처럼 업주는 미처 인지하지 못하지만, 고객들이 체감하는 가게의 잘못된 시그니처가 내 가게에도 있는지, 있다면 어떤 것들인지 알아보자.

• 복잡한 시그니처 메뉴 이름
독특하고 기억에 남는 메뉴 이름을 만들려고 의도했지만, 복잡하고 발음하기 어려워 고객들이 불편함을 느끼는 경우다.

• 과도한 시그니처 로고
내 가게를 빨리 알리자는 생각으로 가게 곳곳에 로고를 넣었지만, 지루함으로 오히려 브랜드 이미지를 해칠 수 있다.

• 과도한 벽면 아트 시그니처 사인물
가게의 분위기를 살리기 위해 벽 전체에 강렬한 일러스트나 그래픽을 그렸지만, 고객들은 이를 시각적으로 피로하고 산만하다고 느낄 수 있다.

• 불편한 시그니처 포장
환경을 생각한다는 취지로 특별한 재활용 포장재를 시그니처로 사용했지만, 고객은 다루기 어렵고 내용물이 쉽게 흘러내려 포장해 가는 고객들의 불만이 생기는 경우

• 과도한 시그니처 색상
브랜드 컬러를 강조하기 위해 가게 내부를 모두 한 가지 색이나 원색 위주로 통일하는 경우다. 고객들은 이를 답답하고 단조롭다고 느낄 수 있다.

이러한 잘못된 사례들은 디자인이 단순히 '보기 좋은 것'을 넘어 실용성, 편의성, 그리고 전체적인 경험을 고려해야 한다는 점을 잘 보여준다. 따라서 시그니처 요소를 만들 때는 반드시 고객의 관점에서 여러 번 테스트하고 피드백을 받아야 한다. 또한 정기적으로 고객 의견을 수렴하여 필요하다면 과감히 수정할 줄 아는 유연성도 필요하다.

무료 템플릿 디자인의
득과 실

최근 셀프 디자인 시장이 급성장하고 있다. 코로나 이후 원자재 가격 인상과 인건비 상승으로 셀프 매장을 운영하는 사장님들이 늘어나면서 이러한 추세가 더욱 가속화되었다. 무료 디자인 템플릿은 이런 시장의 요구에 부응하며 빠르게 확산되고 있다. 이에 따라 웹에서 무료 디자인 템플릿이 하루가 다르게 생겨나고 있는 것을 보면 앞으로 자영업 시장은 셀프가 대세인 것 같다. 이러한 템플릿 디자인은 누구나 쉽게 무료로 이용할 수 있기 때문에 1인 기업, 소상공인들은 저작권 고민에서 벗어나 마음에 드는 디자인을 선택해서 활용할 수 있다,

그러나 무료 템플릿에도 장점과 단점이 있을 수 밖에 없으므로 알아보자!

장점

· 소상공인들에게 부담인 디자인 비용을 줄일 수 있다.

· 누구나 쉽게 사용할 수 있어 진입 장벽이 낮다.

· 업체에 의뢰하여 기다리지 않고 빠르게 결과물을 얻을 수 있다.

단점

· 같은 템플릿을 여러 업종에서 사용하다 보니 브랜드의 고유성을
살리기 어렵다.

· 저해상도 이미지나 제한된 편집으로 인해 원하는 결과물을 기대하
기 어렵다.

· 무료 템플릿을 조합해 사용할 경우, 전체적인 브랜드 일관성이 떨
어질 수 있다.

이렇듯 무료 디자인 템플릿이 1인 기업과 소상공인들에게는 비용
절감과 저작권 문제 해결이라는 장점을 내세워 시장을 빠르게 잠식하
고 있지만 필자가 현장에서 느낀 무료 템플릿의 두 사례를 보면 현실을
잘 알 수 있다.

사례 1

카페를 운영하는 젊은 여사장은 파란색 배경의 간판에 TV 드라마에서 나와 인기를 끈 돌고래를 모티브로 로고를 만들었다. 카페 상호는 '블루웨일 카페'였다. 전체적으로 귀엽고 발랄한 이미지였다. 저가 커피를 주메뉴로 파는 카페의 여사장은 무료 템플릿을 이용해 직접 만든 메뉴판과 배너의 파일을 보내와 인쇄 제작을 의뢰했다. 파일을 열어본 필자는 '아, 역시 공짜는 어쩔 수 없구나!'라는 생각이 들었다. 누구나 가입만 하면 쉽게 다운로드하여 쓸 수 있는 식상하고 개성 없는 디자인과 저해상도로 인해 이미지 품질이 떨어져 다른 방법이 필요했다.

사례 2

어머니가 하던 한식 뷔페를 30대 딸이 함께 경영하는 곳이다. 복합 상가의 2층에 자리한 이 식당은 다양한 업종들이 서로 앞다퉈 배너, 포스터를 상가와 엘리베이터 입구에 설치해 놓았다. 상가를 오가는 고객에게 2층에 식당이 있음을 어떻게든 알려야 했다. 딸은 무료 템플릿을 이용해 간단한 툴로 배너와 현수막을 디자인하여 출력만 의뢰해 왔다. 이 디자인 역시 무료 템플릿으로 통일감 없는 디자인과 가독성이 떨어지는 글씨체, 그리고 선명하지 못한 색상으로 인해 고객의 눈길을 끌지 못했다.

무료 디자인 템플릿은 무엇보다 비용 절감에 도움이 될 수 있다. 그러나 내 가게의 개성을 살리기는 어렵다. 디자인 전문가가 아니어도 쉽게 접근하여 결과물을 만들어낼 수 있다. 하지만 원하는 브랜드를 효과적으로 전달할 수 있는지 고민해 봐야 한다.

잘 만든 로고와
브랜드는 열 일한다

잘 만든 로고와 브랜드는 고객과의 첫인상 역할을 하며, 시장에서 경쟁력을 좌우하는 핵심 마케팅 요소이다. 외식업을 창업할 때 가장 중요한 것은 맛과 서비스인 것은 누구나 다 아는 사실이다. 여기에 고급이란 수식어가 붙은 음식점은 인테리어 또한 고급스러울 수밖에 없다.

다음은 코로나19가 유행하던 시기, 프리미엄 한우 오마카세를 제공하는 고급 레스토랑의 브랜드디자인과 사인 디자인을 맡아서 성공적으로 오픈해 주었던 사례이다. 3층 구조의 건물 전체를 층마다 특화된 서비스를 제공한다. 1층은 인근 관공서의 직장인들을 위한 점심 메뉴 위주로, 2층은 접대나 가족 단위 외식을 위한 VIP룸으로, 3층은 직장

인들의 회식이나 모임을 위한 대형룸으로 구성되었다.

기존 한우 레스토랑의 로고가 대부분 소 일러스트를 사용하여 정육점처럼 디자인되었다면, 필자는 완전히 새로운 접근방식을 택했다. 상호 '설우한우'에서 착안하여, '우'자의 반복을 피하고 기존 한우집의 디자인 관행을 탈피하여 간결함을 내세운 로고디자인이었다.

디자인 콘셉트는 다음과 같다.

원형 프레임: 부드러움과 완성도를 주었다.
상하 구조: '설'과 '한'을 위아래로 배치하여 균형을 맞췄다.
컬러: 골드와 블랙을 주요 컬러로 사용하여 고급스러움을 표현했다.
서체: 모던함을 위해 고딕체를 사용, 동시에 얇은 두께로 부드러움을 주었다.
미니멀리즘: 불필요한 요소를 제거하여 깔끔하고 현대적인 느낌을 강조했다.

로고는 다음과 같은 다양한 홍보물에 적용했다.

외부 사인물: 간판, 현수막, 배너
내부 사인물: 층별 안내도, 호실, 화장실 표지판

인쇄물: 메뉴판, 리플릿, 명함, 상품권, 영수증

테이블웨어: 냅킨, 수저집, 셋팅지

직원 유니폼: 명찰, 셔츠, 앞치마

패키징: 포장 박스, 쇼핑백

특히 2층 VIP룸의 로비는 로고를 실버 금속 소재에 LED 조명을 결합하여 오브제로 제작했다. 이 로고 오브제는 단순한 브랜딩 요소를 넘어 고급스러운 인테리어 장식품으로 손색이 없었다. 이러한 브랜딩 접근은 기존의 한우 식당과는 확실한 차별화를 주었다. 로고의 현대적이고 세련된 디자인은 고객들에게 프리미엄 고깃집에 대한 기대감을 심어주기에 충분했다. 따라서 단순한 고깃집이 아닌 특별한 경험을 제공, 프리미엄 숙성 한우 오마카세 전문점으로 자리매김했다.

잘 만든 로고와 브랜드의 효과는 다음과 같다.

첫째, 내 가게의 가치관과 비전을 시각적으로 표현한다.

둘째, 독특하고 기억에 남는 로고는 소비자에게 각인되어 인지도를 높인다.

셋째, 경쟁 가게와 구별되어 독특한 브랜드 아이덴티티를 만들어낸다.

넷째, 일관된 브랜드 이미지는 마케팅 활동의 효율성을 높인다.

다섯째, 강력한 브랜드는 고객과 유대를 형성하여 충성도를 높인다.

창업 초기에 로고와 브랜드 개발에 투자한 업체는 장기적으로는 고객이 선호하며 매출로 이어지는 성장을 이룰 수 있다. 반면, 이를 소홀히 한 업체는 브랜드 재정립에 더 많은 비용과 노력을 들여야 한다. 한마디로 정리하면 잘 만든 로고는 브랜딩을 넘어 사업의 가치와 비전, 그리고 장기적으로 내 가게 성공의 토대가 된다.

내 가게의 컬러
내 가게의 매출

내 가게의 컬러 선택은 단순한 미적 요소를 넘어 고객의 감정과 행동에 직접적인 영향을 주는 강력한 마케팅 도구가 된다. 또한 내 브랜드 정체성을 강화하고, 고객의 구매 욕구를 자극하여 결과적으로 매출 상승으로 이어진다.

예를 들어 유니클로는 흰색과 빨간색이 주 컬러이다. 흰색은 깨끗함과 단순함을, 빨간색은 열정과 활력을 상징한다. 이 컬러의 조합은 브랜드의 '심플하면서도 품질 좋은 의류'라는 이미지를 잘 표현한다. 또 다른 의류 브랜드 자라(ZARA)는 검은색과 흰색이 주 컬러이다. 세련됨과 현대적인 감각을 표현하여 패션에 민감한 고객층을 끌어들인다. 이 컬러 조합은 20, 30대 고객의 방문 빈도수를 올려 매출 상승효과를 준다.

카페나 음식점의 경우 기존의 인테리어에 변화를 주고 싶거나 업종을 변경하고자 할 때, 가정 먼저 생각할 수 있는 것이 매장의 컬러에 변화를 주는 것이다. 저 비용으로 가게의 분위기를 바꿀 수 있는 가장 효과적인 방법의 하나이다. 가게의 컬러 배색을 메인 컬러와 서브 컬러로 2~3가지 정도로 정하고 외벽과 내벽을 배색 컬러로 도색 후 간판, 실내 사인, 메뉴판 등을 배색 컬러를 참고하여 제작한다. 가구나, 홍보물 제작에도 도움이 된다.

계절에 따라 컬러의 배색에 변화를 주어 매출을 올리는 사례도 있다. 바로 백화점이 가장 좋은 예이다. 계절마다 매장 내부 색상을 변경한다. 봄에는 연한 녹색과 분홍색, 노란색 여름에는 시원한 파란색과 하얀색, 가을에는 따뜻한 주황색과 갈색, 겨울에는 빨간색과 은색 등으로 변화를 준다. 그 결과 계절상품의 판매량이 증가하고, 전체 매출도 상승한다. 이처럼 가게의 컬러는 전략적으로 접근해야 하며, 타깃 고객별로 다양한 접근이 필요하다. 컬러는 단순한 시각적 요소가 아니라 고객의 감정과 행동을 유도하는 강력한 마케팅 도구임을 항상 기억해야 한다.

컬러 변화로 성공한 학원의 사례이다. 신도시의 큰 대로변에 있는 수학학원으로 학원이 있는 곳은 유동 인구가 많아 1층 매장들은 임대가 다 되었다. 하지만 학원이 있는 3층은 오가는 학생들 말고는 빈 상

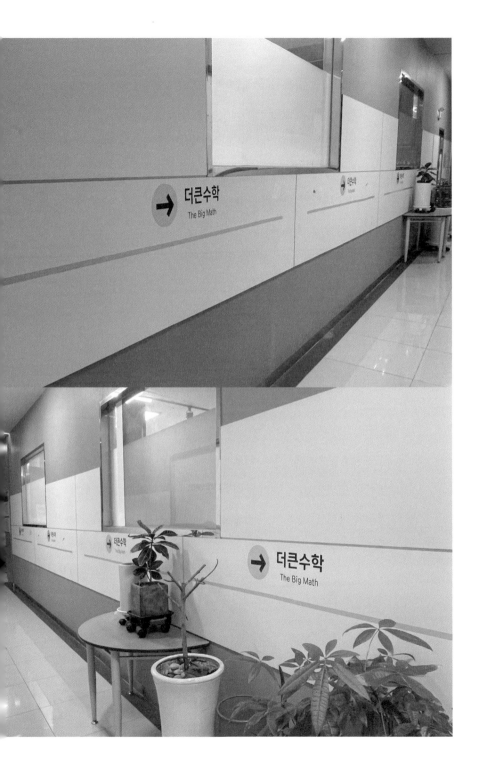

가가 대부분으로 썰렁했다. 문제는 학원 밀집 지역이 아니어서 학원을 알리기가 더 쉽지 않았다. 입지가 좋지 않아 이전하고 싶어도 계약 기간이 많이 남아있어서 쉽지 않은 상황이었다. 원장은 학원을 어떻게 알려야 할지 고민 끝에 필자에게 상담을 의뢰해 왔다.

원장과 함께 디자인 수정을 여러 차례 한 결과 학원의 컬러 배색을 외부 메인 컬러는 노란색, 서브 컬러는 검은색으로 정한 후 간판을 제작 설치했다. 두 컬러의 강한 대비를 활용하여 검은색의 세련된 느낌과, 노란색으로 친근하면서 활동적인 느낌을 주고자 했다, 또한 두 컬러는 눈에 잘 띄는 컬러로 사람들의 시선을 끌 수 있도록 간판과 윈도우시트를 시공해 가독성을 높였다.

해당 건물 1층에는 유명 햄버거 가게가 있어 유동 인구가 꽤 많은 곳이다. 이를 적극 활용하여 외부 간판 설치를 끝낸 후 엘리베이터 입구에 3층의 수학학원을 알렸다. 방법은 메인 컬러와 서브 컬러로 배너를 만들어 학원생들의 수상 경력과 성적이 향상된 리스트를 제작해 엘리베이터 앞에 세워놓았다. 그리고 학원이 있는 3층의 입구는 복도가 상당히 길어서 메인 컬러와 서브 컬러를 사용하여 지하철 노선처럼 벽의 끝과 끝을 라인으로 부착했다. 긴 복도를 효과적으로 활용해 학생들이 학원을 오갈 때, 정차역의 이름을 학원 이름으로 바꿨다. 이는 학생들의 시선을 유도하여 재미와 호기심을 끌었다.

나중에 필자의 아들을 등록하기 위해 학원을 찾았다. 원장은 코로나 시기에다 좋지 않은 입지에 학원을 개원했음에도 불구하고 학부모의 상담 문의가 많아 등록하려면 대기해야 한다는 정말 반가운 소식을 전해주었다.

내 가게에 적용된 컬러 배색은 색상, 명도, 채도 등의 속성의 변화에 따라 고객들에게 색상에 따라 착시현상을 주어 가게의 분위기를 다양하게 만들어 주는 효과를 준다. 더불어 고객의 발길을 끌어들이는 요인이 되기도 한다. 한 마디로 컬러 마케팅인 것이다.

사장님, 차라리
전문가에 맡기세요

    내 가게를 준비하거나 창업할 때 브랜딩을 위한 첫 번째 로고와 마크는 매우 중요하다. 하지만 어떤 사장은 디자인을 전공하는 자신의 딸 혹은 친구의 자녀를 돕고 싶은 마음에 가게의 로고와 마크 디자인을 하게 한다. 그리고 필자에게는 인쇄물이나 간판 제작만 의뢰하는 경우가 있다. 물론 창업이 처음이거나 로고와 마크의 중요성을 잘 모르기 때문일 것이다.

    이런 디자인 파일을 확인해 보면 현장에서 바로 사용하기에 무리가 따른다. 디자이너가 실무 경험이 적거나 전무한 사람이 대부분이라서 그들의 디자인을 의뢰자의 사업 브랜딩으로 연결하기에 적절치 못한 경우가 많다. 업체의 상호나 분위기 등 개성과 특징을 살리기보다 디자인을 위한 디자인 위주로 만들기 때문이다. 그런 디자인은 따로 수

정과 보완을 통해 사용해야 한다. 만약 해당 업종이 포화상태라면 더더욱 로고와 마크를 통해 차별화해야 할 것이다.

다음의 사례를 보자.

어머니의 대를 이어 반찬가게를 운영하는 젊은 사장은 반찬가게가 잘 되자 여러 곳에 분점을 내고 간판을 의뢰해 왔다. 그는 동생이 만들어 주었다는 본인의 캐릭터를 간판에 넣고자 했다. 하지만 그 캐릭터는 지금 트렌드와는 거리가 있었다. 10년 전에나 유행하는 스타일로 얼굴은 크고 몸은 작은 가분수의 캐릭터로 요즘 트렌드인 모던하고 심플한 스타일과 맞지 않았다. 반찬가게의 이미지와도 어울리지 않는 디자인이었다.

간판의 배경색은 노란색에 캐릭터 상호는 검정색과 빨간색을 사용했다. 이는 신선한 음식을 홍보하는 반찬가게에서는 기피하는 컬러다. 그러나 본점에서 이미 이 디자인과 색으로 제작되어 있어서 업주의 의견대로 시공했다. 디자인보다는 동생이 만들었다는 캐릭터에 더 의미를 두고 의뢰한 경우여서 디자인상의 문제를 지적하지 않을 수 없었다.

그러면 실패하지 않기 위해 디자인을 전문가에게 맡기면 어떤 점이 좋을까?

- 전문가의 통일성 있는 브랜드 디자인은 고객에게 신뢰감을 준다.
- 트렌드에 맞는 디자인으로 실용성을 고려하고 유지보수가 편해진다.
- 고객의 취향과 니즈를 분석하여 그에 맞는 디자인을 제안한다.
- 공간 활용을 최적화하여 제한된 공간을 효율적으로 활용하는 노하우가 있다.
- 법규와 안전성을 확보하고 있어 불필요한 법적 문제를 예방할 수 있다.
- 복잡하고 시간이 많이 소요되는 경우 사장은 본업에 더 집중할 수 있다.

창업은 많은 투자와 노력이 필요한 과정이다. 특히 사장이 젊다면, 그의 참신한 아이디어와 광고 전문가의 경험이 만나 시너지를 낼 때 최고의 결과물이 나온다. 따라서 성공적인 창업을 원한다면 전문가의 피드백을 수용하고 보완해 가는 것이 좋다. 이때 항상 내 가게의 디자인은 단순한 꾸미기가 아닌, 비즈니스의 성공을 좌우하는 중요한 요소임을 꼭 기억해야 한다.

좋은 카피는
좋은 스토리에서
나온다

사장의 철학은
장사의 무기가 된다

디자인 업계에서 오래 일하다 보니 고객의 눈높이가 점점 높아지고 까다로워지고 있음을 마주하게 된다. 가치 소비를 중요하게 여기는 MZ세대의 창업이 늘면서 차별화되고 새로운 경험을 제공하는 카페나 음식점이 많아지고 이 순간에도 전국 곳곳에서 새롭고 개성이 톡톡 튀는 가게가 생겨나고 있다.

고객들은 새로 카페나 음식점이 생기면 일단 가보고 싶어 한다. 한 번 가서 가게의 인테리어와 분위기가 마음에 들면 단골이 된다. 이때 매장의 인테리어가 한몫하는 것은 당연하다. 고객은 내 돈 내고 음식을 먹거나 차를 마시기에 자신의 취향에 맞는 분위기를 선호하는 것은 당연하다. 하지만 매장의 분위기를 책임지는 인테리어를 사장 자신이 좋아하는 콘셉과 인테리어로 꾸미는 경우가 있다. 만약 매장의 인테리어가 사장의 취향과 고객의 취향이 맞아떨어진다면 문제가 없겠지만, 그렇지 않다면 고객은 냉정하게 발길을 돌릴 것이다.

그래서 가게의 콘셉은 중요하다. 아무리 규모가 작은 동네 가게라 해도 인테리어가 가게의 콘셉과 일관성이 있다면 고객이 몰리고 매출이 상승할 것이다. 그러나 콘셉이 없는 인테리어는 사장의 마인드를 의심할 수밖에 없으며 차별화가 없는 매장에 고객은 흥미를 갖지 못할 것이다.

예를 들어 스타벅스를 보자. "제3의 공간"이라는 개념을 통해 카페를 단순한 커피 판매점이 아닌 사람들을 끌어모으는 공간으로 브랜딩되어 있다. 매장 인테리어와 음악 그리고 친절한 서비스 등이 커피 전문점으로서 콘셉이자 정체성이다. 따라서 스타벅스는 어느 지역, 어느 매장에 가도 일관성이 있다. 필자도 이 글을 지금 스타벅스에서 쓰고 있다.

또 다른 예로 이케아가 있다. 이케아는 합리적인 가격, DIY 조립, 실용적인 디자인으로 "모든 사람을 위한 더 나은 일상"이라는 비전을 실현함과 동시에 매장에서 직접 체험할 수 있는 쇼룸, 레스토랑 등으로 브랜드 경험을 제공한다.

지인이 운영하던 카페가 있다. 카페 바로 옆에 식당이 있어서 점심

식사를 마친 직장인들이 차를 마시거나 테이크아웃을 하던 곳이다. 단골도 꽤 형성되어 있어 매출과 위치가 좋은 카페였다. 지인은 그 카페를 사정상 30대의 여성 사장에게 인테리어 권리금을 받고 넘겼다. 간판만 바꾸면 될 정도로 인테리어가 잘 꾸며져 있었다. 지인의 소개로 그 여사장은 필자에게 간판과 인쇄물을 의뢰하였다. 며칠 후 필자가 카페에 가보니 화사하고 깔끔했던 카페는 외벽, 내벽이 온통 파란색으로 칠해져 있고 조명과 커튼도 어둡고 짙은 원단으로 교체되어 있었다. 소품도 파란색에 맞게 바뀌어져 있었다.

그 후 안타깝게도 그 카페는 6개월 만에 문을 닫았다. 옆의 식당 주인에게 이유를 물어보니 카페 주인이 바뀌면서 180도 달라진 인테리어 분위기가 원인이었다. 카페 주 이용객인 직장인들과 연령대가 있는 단골들이 극단적으로 변한 인테리어로 인해 카페가 낯설고 편안하지 않아 발길을 끊었다고 한다.

사실 카페의 커피 맛은 큰 차이가 없다. 고객들에게는 커피 맛도 중요하지만, 분위기와 스토리를 찾아 나만의 추억을 만들기 위하여 멀리에서도 찾아온다. 이때 카페 사장은 자신의 브랜드 철학과 콘셉트를 지속적으로 고객에게 알리고 홍보하여 단골을 확보해야 한다. 다음은 내 가게의 정체성을 만드는 4가지 방법이다.

4장

첫째, 내 가게의 존재 이유, 가치, 차별화를 명확히 정해 브랜드의 방향성을 제시한다.

둘째, 제품의 탄생 배경, 생산 과정, 특징, 브랜드, 감성적 스토리 등을 전달한다.

셋째, 매장 인테리어, 브랜딩, 고객 서비스 등의 정체성을 일관되게 표현한다.

넷째, SNS, 블로그 등 다양한 채널을 통해 소통하며 인간적인 면모를 보여준다.

장사는 사장의 철학을 다양한 방식으로 녹여낼 때 고객들에게 자연스럽게 브랜드 정체성을 알리고 공감대를 형성할 수 있다. 이때 사장 개인의 취향을 무조건 포기할 필요는 없다. 다만, 고객 관점에서 어필할 수 있는 요소를 적절히 가미하면 장기적으로 브랜드의 성장과 고객의 충성도를 가져오고, 결과적으로 그 카페의 개성이자 경쟁력을 확보하게 된다. 내 가게의 매출이 발생해야 장사를 오래 유지를 할 수 있다. 때문에 고객 확보가 먼저이며 고객을 위한 콘셉과 서비스가 선행되어야 한다. 사장은 내 가게가 나만을 위한 공간인지 고객을 위한 공간인지 면밀하게 객관적으로 따져보고 생각해야한다.

사장이 좋아하는
카피는 사장만 공감한다

10여 년 전 필자의 남편은 전주의 J 대학교 앞에서 토익영어학원을 운영했다. 남편은 이미 대학 내에서 소문이 자자한 유명 강사로 이름이 났던 터였다. 남편의 토익학원은 개업과 동시에 등록 학생이 120석의 대형 강의실에 가득 찼다. 오히려 등록하고자 하는 학생을 다 받지 못할 정도였다. 토익점수를 단시간에 올려준다는 입소문 덕이었다. 그만큼 상담과 문의도 많아졌다. 남편은 학생들을 가르치는 일에는 자신감이 넘쳤다. 하지만 시간이 지날수록 학부모나 학생들과의 상담을 부담스러워하기 시작했다. 어느 날 남편에게 상담받은 학생들이 '학원에 다니라는 건지 다니지 말라는 건지 모르겠다'는 학생의 이야기를 듣고 필자를 당황하게 하기도 했다.

학원을 운영하면서 베테랑 원장들도 가장 어려워하는 것이 바로 상담이다. 남편도 이를 모를 리 없다. 학원을 찾는 학생들과 남편의 상담이 끝난 후 수강 등록으로 잘 이루어지지 않는 횟수가 늘어났다. 마침 필자가 둘째를 출산하고 일을 잠시 쉬고 있던 터라 상담실장이란 직책으로 남편을 도와주었다. 남편은 상담용 홍보물을 주며 상담 시 주의사항을 설명했다. 그러나 상담홍보물은 광고 디자이너의 눈으로 볼 때 문제가 있었다.

- 서술형의 긴 문장으로 주목도가 떨어졌다.
- 설득력이 떨어지는 스펙 위주의 장황한 설명이 지루함을 주었다.
- 빨강·파랑·초록의 컬러와 다양한 서체로 시선이 분산되어 가독성이 낮았다.

문제를 파악하고 남편을 설득하여 홍보물 디자인을 바꿨다. 광고 헤드라인을 넣고 서브 카피를 적절히 사용하여 토익을 처음 접하는 학생과, 중간 점수의 학생, 고득점인 학생 이렇게 3가지 레벨로 제작하였다. 그리고 실제 상담에서 학생이 원하는 점수를 먼저 파악하고 상황에 맞는 홍보물을 보여주자 자연스럽게 수강 등록으로 이어졌다.

남편의 사례처럼 "나는 이러한 사람이다." 식의 자기 자신을 과시하는 홍보지는 효과가 제한적이다. 특히 학원, 제과점 등의 홍보물에서 자주 볼 수 있는 'ㅇㅇ강사', 'ㅇㅇ명인'이라고 표시한 인물 광고에만 치우친 홍보지는 실제 고객의 인식과 동떨어질 수 있다. 이런 카피는 사장 자신만 만족한다. 즉 쌍방향이 아닌 일방적인 카피로 고객들은 공감하지 못하는 홍보물이 될 수 있다.

필자가 만나본 사장들은 내 가게는 잘될 것이라는 막연한 믿음으로 사업을 시작한다. 그러나 막상 사업 현장에서 현실과 부딪치는 순간순간 문제들이 발생한다. 사장이 문제를 어떻게 해결하고 어떤 선택을 할 것인가에 따라 성공과 실패가 달려있다. 결국 장사란 확률 게임과 같다. 만약 내 장사가 매출이라는 확률 게임에서 결과가 나쁘다면 체크해 보자.

- 고객에게 어떤 가치를 제공하는가?
- 고객의 어떤 문제를 해결해 주는가?
- 고객에게 어떤 감정을 불러일으킬 수 있는가?
- 내 가게가 경쟁업체와 어떤 점이 다른가?

내 가게 창업 시 홍보물, SNS 등 디자인할 때, 고객의 요구를 정확히 파악하고, 그에 맞는 해답을 명확하게 제시하는 것이다. 또한 업체에 디자인을 의뢰할 때 위 4가지 질문을 꼭 염두에 두고 홍보물을 제작하는 것이 중요하다. 즉 '사장만 공감하는 카피'가 아닌, '고객이 공감하는 카피'를 만들어낼 때 마케팅 효과를 얻을 수 있다. 이러한 원칙을 바탕으로 홍보물을 제작한다면, 비용 대비 높은 효과를 얻을 수 있다.

한 번에 다 알려 주지 마라

가게를 창업하거나 행사 진행 시 홍보물 제작은 일반적으로 전단지, 포스터, 현수막이다. 업주들이 이런 홍보물 디자인을 의뢰할 때 대개 두 가지 스타일로 나뉜다. 아주 심플한 디자인을 원하거나 홍보지의 지면은 한정되어 있는데 모든 정보를 빼곡히 나열하는 경우이다.

가령 포스터나 전단지의 경우 지면을 빽빽하게 채우기보다는 여백을 활용해 가독성을 높이고 주요 정보에 집중할 수 있게 하는 것이 중요하다. A4 혹은 B4 크기의 제한된 종이에 모든 정보를 담으려 하기보다는 핵심 메시지와 시각적 요소의 조화를 통해 궁금증을 유발하게 하는 것이 좋다.

운전하거나 걷다 보면 각 지자체에서 관리하는 현수막 지정 게시대와 마주친다. 그뿐만 아니라 기습 불법 현수막도 여기저기서 불쑥불쑥 나타나는 모습을 본다. 모두 정보를 하나라도 더 보여주기 위해 안간힘을 쓰는 것 같다. 직업이 광고 디자이너이다 보니 그런 현수막을 그냥 지나치지 않고 유심히 살펴보곤 한다.

현수막은 도로변이나 유동 인구가 많은 곳에 설치되는 만큼 순간적으로 한눈에 문구가 들어와야 한다. 복잡한 디자인은 오히려 주목도를 떨어뜨린다. 대신 강렬한 컬러 대비와 간결한 카피, 그리고 눈에 띄는 로고를 활용해야 순간적으로 지나가는 사람의 집중도를 높일 수 있다. 특히 흥미를 끌 수 있는 업종은 관련된 문구를 크게 넣어 호기심을 유발하는 것이 효과적이다. 더 많은 정보를 넣고 싶다면 현수막에 SNS 검색창의 아이콘을 넣어 내 상호를 검색할 수 있게 유도하는 것이 좋다. 그래야 행인들이 순간 노출되는 홍보물에 짧고 강렬한 인상을 받을 수 있다.

2년 전 한 수학학원 원장이 학원의 유리창 시트 디자인과 지정 게시대 현수막 디자인을 의뢰했다. 원장은 "우리 학원은 최고의 실력과 최상의 서비스로 수학의 신을 만듭니다!"라는 문구가 어떤지 물었다. 필자는 이런 문구들은 이미 흔하게 있어서 식상할 수 있으니 좀 더 고민해 보고, 원장님 학원만의 특별한 장점을 더 생각해 보자고 했다. 며칠 후 원장이 다시 연락을 해왔다. "학생들이 포기하지 않고 꾸준히 공부할 수 있도록 돕는 것이 우리의 철학이에요. 그래서 '꾸준함으로 기적

을 만드는 더 큰 수학'은 어떨까요?"라고 말했다. 듣는 순간 그 카피가 마음에 와닿았다. 학원의 철학을 잘 담으면서도, 학부모들에게 학원 철학인 신뢰와 믿음의 메시지를 잘 전달할 수 있을 것 같았다.

그 후 현수막을 제작하여 지정 게시대에 걸고 난 후, 다른 학원들의 현수막 사이에서 해당 수학학원의 현수막이 단연 돋보였다. 2주 후 원장한테서 연락이 왔다. 학원 등록 문의가 부쩍 늘어났다는 소식이었다. 효과가 예상보다 빨라 뿌듯하고 기뻤다. 이 사례를 통해 다시 한번 깨달았다. 홍보는 누구나 아는 같은 말을 하는 것이 아니라, 자신만의 특별한 이야기를 하는 것이다. 그리고 그 이야기를 간결하고 인상적으로 전달하는 것이 핵심이다.

위 사례를 통해 디자인 과정에서 고객과의 소통이 정말 중요하다는 것을 알 수 있다. 때로 고객의 요구사항이 디자이너와 상충할 수 있다. 이럴 때 전문가의 조언을 듣되 사장 자신의 생각을 포기하지 않는 중간 지점을 찾아야 한다.

트렌드를 파악하는 것도 중요하다. 최근에는 불필요한 요소를 제거하고 핵심만을 남기는 디자인 방식의 미니멀리즘이 대세다. 디자인만으로도 강력하고 시각적인 임팩트를 줄 수 있다. 또한 글자체를 디자인의 주요 요소로 활용하는 방식과 밝고 대비가 강한 색상 활용이 주목

받고 있다. 고객의 시선을 사로잡고 브랜드를 기억에 남게 할 수 있기 때문이다. 이러한 요소를 적절히 활용한다면 내 가게의 브랜드 메시지를 효과적으로 전달하는 홍보물을 제작할 수 있다.

민감한 트렌드
예민한 브랜드

대한민국 사람 누구라도 한우를 싫어하는 사람은 없을 것이다. 1년에 특별한 날만 먹던 한우, 비싼 한우가 코로나 이후 가격이 싸지면서 한우의 소비시장이 꾸준히 증가했다. 그에 따라 한우 선물 세트가 갈수록 고급화되면서 트렌드로 자리 잡고 있다.

50대 여사장이 운영하는 정육점이 있다. '프리미엄 정육점 ○○'라는 간판과 인테리어를 여사장과 여러 번의 미팅과 고민 끝에 고급스럽게 시공 마무리했다. 그런데 정육점 특성상 냉장 진열장의 고기의 포장과 명절 선물로 인기가 많은 선물 세트가 있다. 선물 세트의 포장재를 타업체와 차별화를 주고자 디자인부터 소재까지 고급스럽게 디자인하는 것이 경쟁력이라고 생각했다. 여사장은 필자의 생각을 받아들였다. 정

육점들의 고기 맛이 다 비슷비슷하기에 예상대로 포장디자인에 투자를 한 결과 지난 명절 대비 매출의 두 배를 올려 포장디자인의 중요성을 다시 한 번 체감했다.

정육점이 입소문이 나자 타 정육점 사장님들이 몰래 사진을 찍어가기도 한다고 한다. 한 마디로 대박이 났다. '프리미엄 정육점 ○○'의 성공 비결은 무엇일까? 타 정육점의 선물 세트 브랜드는 예를 들어 '명품 한우' '참한우' 등 오래된 네이밍과 서체 또한 궁서체나 캘리그래픽체가 대부분이다. 컬러도, 검정, 빨강, 금색으로 전통의 이미지를 크게 벗어나지 않는다. 반면에 '프리미엄 정육점 ○○'은 기존의 정육점 이미지를 탈피하며 프리미엄 정육점을 강조했다. 로고는 소와 돼지를 형상화해 깔끔한 원형 라인 디자인으로 어두운 레드 컬러로 하고, 상호는 블랙 컬러로, 포장재는 냉장식품 특성상 금박의 방수 소재로, 모양은 고급스러움을 강조하고자 엠블럼 모양으로 제작하였다.

그러나 꾸준히 스티커 주문을 하던 여사장이 6개월여가 지나자, 스티커 주문량이 뜸해졌다. '장사가 잘 안되나?' 생각했다. 어느날 여사장한테서 정육점으로 한 번 방문해달라는 전화가 왔다. 오랜만에 만난 여사장은 그동안의 사정 이야기를 먼저 꺼냈다. 스티커 소재가 금박의 고급 소재이다 보니 단가가 부담스러워 인터넷에서 스티커 제작 업체를 찾아 기성 디자인으로 주문해 사용했다고 한다. 문제는 스티커를

주문할 때마다 디자인이 달라지고 납품 날짜도 제대로 맞춰주지 못했다. 특히 인터넷 업체에서 주문한 스티커로 포장한 한우 선물 세트가 고급스러움이 살지 않아 필자에게 다시 연락했다는 것이다. 물론 여사장의 상황을 고려해 스티커를 다시 납품하고 제품소개 리플릿을 서비스로 제작해 주었다. 그 후 명절뿐만 아니라 상견례, 이바지 선물로도 주문이 꾸준히 늘었다는 소식을 전해왔다.

위 사례처럼 제품 포장디자인은 온라인쇼핑몰의 가파른 성장세와 정부의 다양한 지원사업으로 경쟁이 치열하다. 소상공인들은 이와 같은 현실을 직시하고 상호와 포장디자인에서 차별화를 주어 경쟁자들 속에서 살아남아야 한다. 진열대나 온라인쇼핑몰에서 구별된 디자인으로 경쟁사보다 눈에 띄어야 한다. 따라서 패키지 브랜드, 포장디자인의 컬러와 모양은 트렌드에 매우 민감하고 고객은 이에 예민하게 반응한다는 것을 인식해야 한다.

내 가게는 대기업이 아니다

코로나 시기에 너도나도 배달업에 뛰어들어 배달 가게가 우후죽순 생겨나기 시작했다. 심지어 외식업을 해 본 적이 전혀 없거나 가게를 얻을 돈이 없어 집에서 배달업을 하다가 급히 가게를 얻어 간판도 안 달고 장사하기도 했다.

아버지의 사업을 물려받은 30대의 C 사장은 급한 마음에 사무실에 찾아와 하소연했다. 주로 병원, 공공기관, 회사의 단체급식을 전문으로 하는 중소업체인데 코로나 로 단체급식 매출이 급감해 너무 힘들다는 것이다. 당장 직원들의 이번 달 월급이며, 공과금 등 해결해야 할 돈이 시급하다고 했다. 고정적인 수입이 절실한 상황이었다. 대안으로 상가 나 회사에 기존의 급식업체 노하우를 살려 배달 앱으로 도시락을 주문

받아 배달하는 것이 가장 좋은 방법이라고 했다. 이 사업에 필요한 도시락 패키지, 리플릿, 스티커, 봉투 등의 디자인을 급히 의뢰하러 온 것이다. 필자는 그의 딱한 사정을 듣고 어떻게든 도와주고 싶었다.

도시락 사진은 전문 스튜디오에서 촬영한 사진으로 고급스럽게 디자인하여 리플릿을 제작했다. 스티커와 봉투 역시 리플릿과 연계하여 일관성 있게 디자인해 주었다. 그의 도시락은 코로나 기간에 날개 돋친 듯 팔려나갔다. 필자도 그의 사업이 잘되기를 바라는 마음으로 잠시나마 도시락을 주문해 먹곤 했다.

시간이 지나고, 어떤 모임에서 C 사장을 우연히 만났다. C 사장은 수시로 변하는 식자재값과 인건비 상승으로 어쩔 수 없이 도시락 배달 사업을 접었다고 했다. 이후 선배와 함께 배달 앱을 이용해 김치와 반찬 배달 사업에도 뛰어들었다가 김치가 금치가 되면서 같은 이유로 그 사업마저 접었다고 한다. 마지막으로 기존의 단체 급식 사업까지 더 이상 유지하기가 힘들어 결국 친한 선배에게 사업장을 넘겼다고 한다.

C 사장은 도시락 사업이 잘되자, 단기간에 김치와 반찬 배달까지 시도했다가 결국은 못 버티고 말았다. 내 브랜드는 대기업 브랜드가 아니다. 대기업은 다양한 브랜드 협업과 자금력으로 콜라보와 한정판을 내세운다. 여기에 막대한 홍보비와 함께 매출을 톡톡히 올려주는 효자

상품으로 고객의 구매를 유도한다. 더구나 대기업이 손대면 자영업자들은 속수무책 무너지는 것이 골목상권의 운명이다. 오죽하면 우리나라에서 외식업에 성공하면 세계 어느 곳에서 식당을 차려도 성공한다는 말이 있겠는가.

하지만 C 사장처럼 돈이 될 것 같은 생각으로 문어발식 사업을 확장하면 내 사업의 정체성이 모호해진다. 게다가 한정된 배달 시장에서 출혈 경쟁으로 수익성이 떨어져 경영 악화로 가는 것은 어찌 보면 시간 문제다.

장사가 조금 잘된다 싶을 때 무턱대고 사업을 확장하거나 동업한다면, 그동안 쌓아온 신뢰와 기존의 가게 이미지를 실추시키는 역효과를 낼 수 있다. 따라서 파생 사업을 시작하거나 지인과 협력할 때는 득과 실을 따져보고 주위의 전문가를 찾아 조언을 구해야 한다. 섣부른 자신감은 집안의 서랍 속에 잘 가둬놓아야 한다. 그래야 사장님의 가게가 망하지 않는다.

5장

SNS 광고할 때
써먹는 실전 팁

한마디(one massage)로
말하라

통계청 자료를 보면 23년도 기준 온라인쇼핑 거래액 중 모바일 쇼핑 거래액 비중은 74.3%를 차지한다고 한다. 온라인 시장은 이제 소상공인들에게 필수이다. 그만큼 내 회사, 내 상품을 알린다는 것은 생존과 상생의 기로에 있는 치열한 전쟁터이다. 하지만 업주들이 오프라인 마케팅에서 큰 비용을 들여 리플릿이나 배너, 현수막 등을 만들고 있다. 하지만 온라인상에서 상세 페이지에 비용 투자를 아직도 꺼리는 사장들이 많다. 그렇다면 둘 중 어떤 방식이 더 매출을 올려줄까?

시장에서 고객을 확보하기 위해서는 온·오프라인 채널을 동시에 활용해야 한다. 오프라인 홍보물뿐 아니라 온라인 상세 페이지에도 업체의 단일 메시지를 적용하는 게 중요하다. 지금은 하루가 다르게 정보가 넘쳐나는 시대다. 그 어느 때보다 내 가게의 정체성을 한 문장으로 압축하여 간결하고 매력적인 메시지로 온·오프라인을 막론하고 강력하게 어필해야 한다.

시내의 대로변을 지나다가 새로 달린 간판에 눈길이 갔다. 건물 전체가 학원으로 이루어진 5층 건물의 유리창 벽에 "최상위 1등 학원, 1년에 한 번만 모집"이라는 문구가 확 와 닿았다. 이 메시지는 간결하면서도 타 학원과 차별화를 주는 메시지로 보는 사람에게 강력한 인상을 남긴다. 학부모들은 이 메시지를 통해 최고의 교육 서비스를 제공하겠다는 학원의 의지를 곧바로 확인할 수 있다.

고객은 짧고 간결한 메시지를 접할 때 브랜드나 상호를 기억하기 쉽고, 그 가게의 정체성을 한눈에 파악할 수 있다. 반면 너무 긴 문장으로 메시지를 전달하면 가독성이 떨어져 관심을 받지 못할 확률이 높다.

다음은 고객의 관심을 끌고 브랜드 인지도를 높이는 방법이다.

• 가게의 정체성을 한 문장으로 압축하자.
  "신선하고 깨끗한 지리산흑돼지로 만든 수제 돈가스"

- 반복적으로 일관된 메시지를 노출시키자.
  SNS, 전단지, 실물 메뉴판 등을 가게 내·외부와 다양한 채널에서 노출

- 고객이 공감할 수 있는 메시지를 만들자.
  반찬집인 경우 "엄마의 집밥" - 가정식의 느낌을 살린다.

- 시대에 맞는 트렌디하고 재치 있는 문구를 활용하자.
  고깃집인 경우 "오늘의 꿀꿀한 메뉴는?"

  위 사례처럼 내 가게를 홍보할 때 재치 있고 유머러스한 문구 등을 만들어 다양한 방법으로 도전해 보자. 오프라인은 물론이고 치열한 온라인 시장에서 살아남기 위해서는 상황에 맞는 적절한 메시지를 반복 노출한다. 매력적인 단일 메시지로 내 가게의 특성과 콘셉트를 잘 살려 메시지를 한마디로 말하라. 고객에게 오래 기억될 가게가 될 것이다.

유지보수는
내 지역 업체에서

창업 초기, 네이버 공식 대행사라고 사칭한 업체로부터 피해를 당한 적이 있다. 당시 필자는 디자인 회사를 막 창업하고, 네이버 지도에 업체 정보를 등록 후 승인이 났다. 동시에 서울, 경기 지역번호로 찍히는 전화를 여러 통 받았다. 당시 홍보를 어떻게 할지 생각하던 중, 한 업체의 조건이 마음에 들었다. 그들은 "네이버 공식 파트너사"라며 검색창에 상위 노출을 약속했다. 필자는 '네이버'라는 기업을 믿고 신용카드번호를 덥석 불러주었다. 문제는 그때부터 시작되었다, 그 뒤로 해당 업체는 얼마 동안 연락도 잘 되고, 보고서도 보내주었다. 하지만 어느 순간부터 연락이 뚝 끊겼다. 그제야 네이버 사칭 사기 업체라는 것을 깨달았다. 환불을 요청하였으나 업체는 과도한 위약금을 요구하다가 갑자기 폐업하고 말았다.

이 일 이후로 몇 가지 원칙이 생겼다. 전에는 업체에 외주를 맡기는 경우 지역에 상관없이 가격이 저렴하고, 빠르게 일 처리를 해 주는 업체를 우선순위에 두었다. 그러나 지금은 그 회사가 내 지역의 업체인지, 납품 실적(포트폴리오)이 있는지를 꼭 확인한다. 예를 들어 병원이나, 관공서 같은 실체가 있는 업체들의 실적이 있는지, 포트폴리오가 탄탄한지 면밀하게 체크한다. 특히 디자인등록이 되어있는 업체라면 더욱 신뢰한다.

불가피하게 타지역의 업체와 계약을 할 경우, 아래와 같이 미리 확인하면 좋다.

- 네이버, 카카오는 개인에게 먼저 연락을 하지 않는다.
- 터무니없는 제안으로 "상위 노출 100% 보장"을 내세우는 경우 사기일 확률이 높다. 보통은 "항상 노력하겠다"라고 말하지, "보장한다"는 말을 잘 안 한다.
- "오늘까지만 이 가격!" 급하게 결정하게 한다면 사기일 확률이 높다. 보통은 고객에게 생각할 시간을 준다.
- 계약서와 사업자등록증을 꼭 확인한다.
  사업자번호로 실제 존재하는 업체인지 국세청에서 조회가 가능하다.
- 네이버, 카카오 공식 파트너 인증을 확인한다.

- 리뷰와 평판을 꼼꼼히 체크한다.
- 직접 만나서 상담을 받는다. 정상적인 업체는 대면 미팅을 더 환영한다.

　필자 또한 몇 년 전 블로그에 글을 쓸 시간이 없어 글쓰기를 다른 지역의 대행업체에 의뢰한 적이 있다. 하지만 몇 개월이 지나고 나서야 업체가 여기저기 올라오는 글들을 복사하여 다시 붙이는 방식으로 글을 쓰는 것을 알았다. 더구나 상위 노출도 전혀 되지 않았다. 결국 해당 업체와는 계약을 끝냈다. 그 후 필자가 글쓰기 공부를 하여 직접 글을 쓰고 방문자 수를 늘렸다.
　유지보수를 위한 협력업체를 왜 지역 업체에 맡겨야 할까?

- 지역 특성을 제대로 알고 있고 지역에 따라 소비자 성향이 다르다.
　예를 들어 서울 강남과 지방 소도시에 사는 40대들의 행동양식과 소비 스타일은 다를 수 있다.

- 실시간 대응이 가능하다.
　빠르게 콘셉트를 수정하거나 변경할 때 직접 만나서 조율하기가 수월하다.

- 지역의 네트워크를 활용할 수 있다.

  해당 지역의 인플루언서나 유명인을 내 가게로 끌어들이는 게 수월하다.

화려한 포트폴리오나 거창한 약속보다는 내 가게의 특성을 진심으로 이해하고 함께 고민해 주는 파트너가 더 필요하다. 그런 파트너는 대부분 가까운 곳에서 찾는 것이 빠르다. 물론 내 지역의 업체라고 해서 무조건 믿어서는 안 된다. 앞에서 말했듯 내 형편에 맞게 꼼꼼하게 확인한다면, 시간이 지날수록 서로 신뢰를 쌓아가는 과정을 거쳐 정말 든든한 파트너가 될 수 있을 것이다.

완벽한 디자인은
오히려 독이다

전북 고창의 선운사는 장어와 복분자로 유명한 관광지 중 하나다. 30대 B 사장은 부모님의 장어집에서 후계자 교육을 받고 있었다. 식당은 고창 맛집으로 꽤 명성을 얻고 있었으며 SNS에서 팔로우도 상당했다. 그러다 코로나가 터지며 관광객이 발길을 끊자, 매출이 급감하여 네이버 스마트스토어를 시작했다.

B 사장은 상세 페이지 제작을 위해 인터넷에서 온라인 광고 대행사를 찾았다. 대형 업체일수록 잘 만들 것으로 생각했다. B 사장은 상당한 비용을 주고 업체와 계약을 했다. 전문사진작가가 고창까지 찾아와 촬영을 마치고 누가 봐도 완벽하고 멋지게 상세 페이지가 완성되었다. 그러나 기대와 달리 매출은 신통치 않았다. 하루에 1건의 매출이 없는

날도 다반사였다. 그의 마음이 조급해졌다. 매출이 안 일어나는 원인을 모른 채 상담을 요청해 왔다. 당시 필자가 운영하는 회사에서 택배 포장에 들어가는 리플릿과 스티커를 디자인하여 B 사장에게 납품하고 있던 터였다.

상담 결과 B 사장의 쇼핑몰 상세 페이지를 보고 문제점을 파악했다. 바로 완벽한 디자인이 문제였다. 그는 완벽한 디자인이 문제라는 말을 이해하지 못했다. 그 이유를 설명하니 "아 그렇군요! 쉬운 게 아니네요."라며 한숨을 쉬었다.

대부분의 업주는 상세 페이지 등 홍보 디자인을 할 때 대행업체의 완벽한 디자인이 최상이라고 생각한다. 하지만 장어집 사장의 사례를 통해 알 수 있듯이 지역 맛집이나 상품을 수제로 제작하는 소상공인들에게는 '완벽함'보다 '진정성'이 더 큰 힘을 발휘할 수 있다. 물론 대기업이나 중견·중소기업의 경우, 치열한 경쟁 속에서 전문적인 디자인이 중요한 역할을 한다. 그러나 지역 특산물이나 수제 상품을 판매하는 소상공인들에게는 방법이 달라야 한다. 바로 'B급 감성'의 상세 페이지가 더 효과적일 수 있다. 'B급 감성'이란 결코 질이 떨어진다는 의미가 아니다. 오히려 업체 대표의 진솔한 마음과 상품에 대한 애정이 담긴 꾸밈없는 솔직함을 의미한다. 따라서 사장이 직접 찍은 사진, 손수 작성한 글로 전문 대행업체가 만든 완벽한 디자인에서는 찾아볼 수 없는 사장의 진심을 전달해야 한다. 이때 중요한 것은 '스토리'이다. 단순히 디

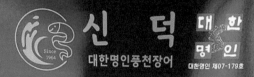

신 덕
대한명인풍천장어
대한명인
대한명인 제07-179호
Since 1964

1964년도 문을열어 저희 조부모, 부모님과 함께 3대째 장어 전문점을 운영해온 대한명인 신덕식당입니다.

살아있는 생장어를 60년 전통의 방식으로 손질부터 초벌까지 직접하고 있으며, 방부제가 전혀 들어가지않고,

소스또한 60년 전통의 방식으로 제조하고있으며 방부제가 전혀들어가 있지않습니다.

저희 신덕장어가 보내드리는 장어는 **지주식 전통의 방식으로 키워낸 장어**입니다.

지주식 장어는 축양식 장어에 비해 성장속도가 늦고 활동 범위가 넓어 장어 살이 탱탱하며 부드럽습니다!

장어가 대기업화 되어 저렴한 장어들이 나오고 있지만, 저희 신덕장어는 흔들림 없이 품질 좋고, 신선한 장어를 정직하게 판매하다보니

많은 분들이 저희 신덕장어를 꾸준히 찾아주시고 계십니다. 지금처럼 변치않고 건강한 장어로 보답드리겠습니다.

※신덕장어를 가장 맛있게 드시는 방법※

소금구이 - 일반 후라이팬, 숯불, 에어프라기 방법이 다 비슷합니다

1. 장어 살부분을 위로 올라가게 하여 팬에 올린 후 중불로 익혀둡니다.
2. 장어온도가 어느정도 올라오면 살부분에 소금을 뿌려줍니다.
3. 장어를 뒤집어 익혀줍니다.
4. 양면 다 익혀주시면 겉은 바삭하고 속은 촉촉한 장어가 완성이 됩니다.
5. 함께 드린 파채까장을 찍어서 드시면 됩니다

양념구이 - 양념구이는 일반 후라이팬에서는 굽기가 힘들어 숯불, 에어프라이기가 없으시면
장어를 구워 소스를 찍어드시는걸 추천합니다.

◆ 에어프라기

1. 180도로 예열을 5분 정도 해준다
2. 예열하는동안 장어를 한입크기로 잘라준다
3. 자른 장어를 양념소스를 발라 준다
4. 장어를 예열된 에어프라이기에 3~5분정도 구워준다
5. 3~5분정도 구워준후 장어를 꺼내어 양념소스를 장어에 바른후 다시 3~5분 정도 구워 준다 장어가 타지않을시 이방법을 딱 1회정도 더해주시면 맛있는 양념구이가 됩니다

◆ 후라이팬

1. 장어를 한입 크기로 잘라 준후 장어 모든면에 소스를 발라준다
2. 불을 중불로 키우고 소스 바른장어를 살부분이 위로가게 하여 비늘부분 먼저 구워준다
3. 비늘부분이 어느정도 익으면 뒤집어 양념에 살부분을 구워줍니다
4. 양념이 타지 않을 정도로 익으면 장어를 다시한번 맛깔나 2,3번의 순서로 다식혀줍니다
이 때 불의 세기는 약불로 익혀주시면됩니다.

▪ 전북 고창군 아산면 선운사로 8 ▪ 063-562-1533 ▪ 010-9940-1533

자인만으로는 부족하다. 그 상품을 만들게 된 이유, 사장님의 철학, 제작 과정에 대한 이야기가 진술하게 담겨 있어야 한다. 이런 진정성 있는 스토리야말로 소비자의 마음을 움직이는 강력한 무기가 된다.

작은 가게는 다르게 해야 한다. 중소기업, 대기업은 경쟁이 치열하고 디자인 역량이 매출에 큰 영향을 주지만 지역 먹거리나 지역 특산물, 꼭 지역이 아니더라도 공장에서 찍어내지 않는 내 가게의 수제 상품은 디자인보다는 그 상품을 만든 이유, 즉 사장의 마인드와 어떻게 만들게 되었는지에 대한 이야기와 함께 사장 본인이 직접 찍은 사진과 직접 쓴 글이 소비자에게 더 감성적으로 다가갈 수 있다. 내가 직접 찍고 쓴 사진과 글이 비록 어설프지만, 사장의 간절한 마음이 글과 사진에 녹아있어 소비자에게 더 효과적으로 잘 전달되는 것이 바로 감성마케팅이다. 감성마케팅은 브랜드에 대한 친근감을 제공하고 유대감을 형성하여 소비자의 구매를 유도한다.

상세 페이지 욕심을 버려라

자동차 에어컨 필터를 만드는 D 사장은 누구보다 자사의 상품에 대한 자신감으로 충만해 있었다. 인터넷에 홍보만 잘하면 매출이 상승할 것이라는 확신도 컸다. 첫 미팅 내내 D 사장은 소비자에게 상품의 모든 것을 보여줘야겠다는 욕심을 냈다. 그는 상품에 대한 정보량이 많고 설명이 복잡한 사진을 보여주며 상세 페이지 내용으로 작성하기를 원했다.

D 사장의 요구를 받아들여 상세 페이지 시안을 디자인해서 보냈다. 그때마다 D 사장은 기존 디자인의 수정보다는 상품에 대한 특징과 학계의 발표된 자료, 각종 그래프, 성능시험서 등을 과하다 싶을 정도로 계속 추가했다. 헤드라인의 글 또한 문장이 계속 추가되고 길어져 처음에 의도했던 디자인과 방향이 계속 틀어졌다. 한 마디로 기승전결이

양파 **1톤**을 까야 양파껍질 **2kg** 정도를 얻을 수 있습니다!

깨끗하고 꼼꼼하게 **양파껍질 세척!**

큰 그릇에 양파껍질을 담아서 하나씩 표면을 깨끗하게 닦아내면서
씻어야 표면에 묻어 있는 농약이 제거되는 것으로 알려져 있습니다.
추가로 베이킹소다 또는 식초를 물에 떨어뜨린 후 약 15분간 물에
넣어둔 뒤에 껍질을 닦아서 세척해주는 방법이 있습니다.

 일등양파껍질은 ....

★ 수작업으로 꼼꼼히 선별하여 깨끗하고
   버릴것이 없습니다!
★ 건조기 건조가 아닌 자연건조로
   (태양,바람) 영양소 손실이 없습니다!
★ kit 구성으로 편리함을 더했습니다!

TIP
먹기 좋은 크기로 잘라서 기호에 맞게 생강, 마늘
등과 함께 드세요. 소금구이로 드실땐 그냥 드셔도
맛있지만, 와사비장에 찍어 드시는걸 추천 드려요.

이렇게 **포장**되어 **도착**해요!

손질 장어

초벌구이 장어

없어진 것이다. 문제는 헤드라인으로 시작하는 도입부터 상세 설명이 길어진 것. 이는 구매자에게 읽기를 강요하는 것과 같다. 즉 상품에 대한 소비자의 알고자 하는 자발적 욕구를 원천 봉쇄하는 것과 같아서 상품의 구매 결정으로 이어지기 힘들 수 있다.

좋은 상세 페이지 제작은 페이지 도입 초반부터 한 가지 상품만 보여주는 것이 효과적이다. 여러 상품을 처음부터 보여주면 이는 소비자 입장이 아닌 판매 담당자의 시각이 된다. 따라서 상세 페이지의 내용이 적정 길이를 초과하게 되고 자칫 복잡해질 수 있다. 필자는 D 사장을 설득하여 상세 페이지를 상품 종류별로 각각 디자인하자고 제안하였다.

위 사례와는 반대로 상품을 중국공장에서 직수입해 인터넷에서 판매하는 젊은 S 사장의 사례. 운동할 때 필요한 액세서리인 손목 보호대 등을 홍보하는 상세 페이지 디자인을 의뢰해 왔다. 그런데 중국에서 보내온 자료와 사진은 상세 페이지를 만들기에 턱없이 부족했다. 필자는 S 사장에게 상품 사진을 촬영 전문 스튜디오에서 다시 찍기를 권했으나 비용이 부담스러운지 망설였다.

필자는 고민 끝에 인터넷에 있는 타 경쟁업체의 자료를 수집하여 헤드라인 문구와 상품의 상세 설명, 특징 등을 만들고 사진은 포토샵으로 컬러의 변화를 주어 제품 컬러별 상품을 나열하여 상세 페이지를 제작해 납품했다. S 사장은 시안을 보고 매우 흡족해하며 수정 없이 단번에 오케이 했다.

구매 전환율이 높은 상세 페이지란 소비자를 화면에서 오래 머물게 하면서 상품을 효과적으로 설명하여 매출로 이어지게 하는 중요한 마케팅 지표이다. 이때 내용이 너무 길거나 복잡하고 난해하여 가독성이 떨어지는 경우, 구매 절차가 어려운 경우, 제품의 정보가 부족해 상세 페이지 길이가 짧아 볼거리가 없다면 소비자는 바로 그 페이지에서 이탈해 버린다.

다음은 상세 페이지 제작 시 적용하고 확인해야 할 팁 5가지이다.

첫째, 사진, 그래프, 수치 등 자료에 따라 정보의 전달 방식을 결정한다.

둘째, 경쟁사와 차별되는 상품의 특징을 부각하고 스토리텔링으로 상품을 소개한다.

셋째, 페이지가 길어 가독성이 떨어지거나, 반대로 짧은 경우 정보가 부족한지 확인한다.

넷째, 헤드라인과 도입부를 임팩트 있게 구성하여 관심을 유도한다.

다섯째, 끌리는 상품 이미지와 레이아웃, 서체, 일러스트 등 시각적 요소를 잘 활용한다.

할인율보다 가격을 적어라

이제 막 장사를 시작했거나 잘되던 장사가 매출이 떨어질 때 업주들이 첫 번째로 찾는 방법이 홍보다. 홍보 방법으로는 신규 고객을 유치하거나 매출을 올리기 위해 할인 행사를 진행한다. 이때 중요한 팁이 바로 할인율보다는 실제 가격을 제시하는 것이 더 효과적이다.

필자도 쇼핑할 때 '50% 할인!' 같은 문구에 현혹되어 가게를 들어갔다가 가격을 알고 아! 낚였구나! 바로 실망하고 나온 기억이 있다. 이때 소비자는 그 가게에 다시 방문하고 싶지 않다. 할인 행사가 오히려 소비자의 신뢰를 떨어뜨려 홍보의 역효과를 가져온다. 그러면 어떻게 알리는 것이 좋을까? 바로 실제 가격을 명확히 보여주는 것이 좋다. 예를 들어, "10만 원에서 50% 할인"이라고 하는 대신 "50% 할인해서 5만

원!"이라고 표현한다. 그러면 고객은 복잡한 계산 없이도 즉시 자신이 지불할 금액을 알 수 있어 헛걸음을 하지 않는다.

미용실이나 뷰티숍은 홍보할 때 전단, 현수막 등에 할인 가격보다는 할인율을 기재하는 경우가 많다. 예를 들어 오픈 할인, 이벤트 할인, 시즌 할인 등에 20~30% 할인이라는 다양한 할인율을 표기한다. 그러나 할인율보다는 가격을 정확히 제시하는 것이 고객에게 설득력이 있고 직관적인 홍보 효과를 기대할 수 있다.

이때 단순히 가격만을 강조하는 것은 아니다. 제품의 가치와 고객이 얻게 될 혜택을 함께 전달하는 것이 중요하다. 예를 들어 "단돈 5만 원으로 프리미엄 퀄리티를 경험하세요" 또는 "단돈 5만 원의 투자로 당신의 스타일을 바꿔보세요"와 같은 문구를 사용하면 가격과 함께 제품의 가치도 효과적으로 전달할 수 있다.

어느 날 미용실 원장이 필자의 사무실을 찾아왔다. 코로나 이후 경기가 좋지 않아 고민이 많다고 했다. 원장님의 미용실은 골목 상가 2층에 자리 잡고 있어 지나가는 사람들의 눈에 잘 띄지 않는 게 가장 큰 문제였다. 심지어 단골손님들조차 가끔 길을 헤맨다는 하소연까지 했다.

원장과 고민 끝에 큰 현수막을 제작해 미용실 창문에 설치하기로 했다. 원장은 처음에 '00% 할인'이라는 문구를 넣고 싶다고 했다. 하지만 고객들은 구체적인 숫자 즉 가격을 알고 싶어 한다고 원장을 설득했

다. 결국 망설이던 원장이 동의하여 '시즌 이벤트 파마 ○만 원, 염색 ○

만 원'이라는 문구로 현수막을 만들어 설치하였다. 그 후 일주일 만에

미용실의 상황이 달라졌다. 하루에 3~4통씩 문의 전화가 오기 시작했

고, 직접 방문해서 가격을 확인하고 예약하는 손님들도 생겼다는 원장

의 들뜬 목소리에 필자 또한 들떴다. 이는 소비자의 심리를 파악하는

것이 얼마나 중요한지를 잘 보여준 사례이다.

소비자들은 구체적인 정보를 원한다. '00% 할인'이라는 말은 그 가게를 모르는 고객에게는 피부로 와닿지 않는다. 하지만 'ㅇ만 원'이라는 구체적인 가격 제시는 더 강력하게 다가온다.

1인 서비스 업종에서는 효과적인 가격 전략과 투명한 가격 정보 제공이 중요한 경쟁력이 된다. 예를 들어 피부관리, 네일 숍, 마사지 숍 같은 경우 한 번에 많은 손님에게 서비스하기 쉽지 않다. 따라서 개별 고객의 지불 금액(객단가)에 민감하다. 또한 고객들은 해당 업종의 서비스 금액이 상대적으로 높아 신중하게 업체를 선택하므로 구체적인 가격 정보 제시가 중요하다.

6장

대박집과
쪽박집에는
다른 게 있다

내 가게는
사장의 놀이터가 아니다

디자인 업계에 몸담으며 다양한 고객을 만나왔다. 고객 중 일부는 자신의 의견을 관철하기 위한 의지가 매우 강한 사람이 있다. 그런 사람은 디자인 전문가로서 설득하고 또 설득하여 필자의 조언에 따르도록 한다. 업종이나 가게의 특수성을 최대한 반영하여 사업이 성공할 수 있도록 도와주는 것이 광고 홍보 디자이너의 의무이기도 하다. 고객이 원한다고 고객의 의견을 그대로 수용했을 때 잘못된 홍보 결과를 좌시할 수 없기 때문이다.

한 대형 학원의 50대 여성인 P 원장의 사례를 보자. P 원장과의 첫 미팅에서부터 알 수 없는 불편한 마음이 들었다. 원장실은 많은 액자와 화분이 차고 넘쳐 갤러리인지 꽃집인지 구분이 안 되는 산만한 느낌이었다. 기존의 타 학원 이미지와는 상당히 동떨어져 보였다. 미팅 과정은 필자의 예상대로 힘들었다. 원장은 당신의 의견만을 내세워 필자의 조언을 전혀 받아들이지 않았다. 함께 있던 직원의 표정에서 이런 상황이 흔하다는 것을 눈치챌 수 있었다.

디자인 컨설팅이 진행될수록 상황은 더 나빠졌다. 원장의 일방적인 요구로 처음에 잡은 콘셉과 달리 디자인의 정체성이 갈수록 모호해졌다, 자칫 잘못된 결과물에 대한 책임을 떠안게 될 것 같았다. 원장에게 타 학원의 실패한 사례를 보여주며 필자의 디자인 의도와 필요성을 강력하게 설명했다. 결국 원장을 필자의 의도대로 설득하여 간판 시공에 들어갔다. 당시 학원은 대규모 확장 공사 중이었고, 외부 간판부터 실내 사인물, 인쇄 홍보물과 SNS 홍보까지 전반적인 홍보 디자인을 의뢰했던 터였다.

해당 학원의 홍보물 시공은 여러 번 수정을 반복하며 1개월 간의 고된 작업을 마무리했다. 그 과정에서 학원의 내부 문제점들도 여실히 드러났다. 원장과 직원들 간의 소통 부재, 빈번한 담당자 교체, 경직된 위계질서 등이 눈에 띄었다. 심지어 P 원장의 기분에 따라 가구 배치와 교실의 명칭이 수시로 바뀌는 것도 보았다. 그러던 중 한 직원은 필자에게 "학원이 무슨 놀이터인 줄 아나"라며 하소연하듯 불만을 토로하기도 했다.

결과 이 학원은 1년 만에 문을 닫았다. 사장은 자신의 권위를 남용하거나 변덕스러운 결정으로 직원을 혼란에 빠뜨려서는 안 된다. 대신, 명확한 비전과 일관된 지침을 제시하며, 직원 각자의 전문성을 존중하고 그들의 성장을 도모해야 한다. 컨설팅은 단순히 사장의 개인적 취향을 만족시키는 도구가 아니다. 목표를 달성하고 정확한 방향을 잡아 진솔한 조언을 하는 것이다.

디자인 컨설턴트가 제시하는 성공하는 가게 사장의 역할은 다음과 같다.

- 사장은 가게의 정체성과 방향성을 명확히 한다.
- 사장 자신의 취향만을 고집하지 말고, 전문가의 의견을 경청하고 존중한다.
- 브랜드 이미지와 메시지의 일관성을 유지해야 한다.
- 직원들의 전문성을 인정하고, 그들의 성장을 지원한다.
- 사장, 직원, 협력업체와의 아이디어를 교환하고 피드백을 수용한다.
- 내 가게만의 독특한 스토리를 만들고 이를 효과적으로 전달한다.

성공하는 사장은 이러한 역할들을 균형 있게 수행하며, 자신의 가게가 단순한 사장의 '놀이터'가 아닌 장사가 잘되는 가게로 확장해 간다.

이나모리 가즈오는 자신의 책 《이나모리 가즈오의 회계 경영》에서 다음과 같이 말한다.

"회사는 경영자 개인의 놀이터가 아니다. 직원의 삶을 보장하는 터전이고 인류와 사회의 진보와 발전에 공헌하는 곳이다."

넘쳐나는 판촉물
꼭 해야 한다면

가게를 창업하거나 사무실을 개업할 때 지인이나 고객에게 수건이나 떡을 주는 것이 최소한의 예의라고 생각하던 시절이 있다. 필자 또한 사무실을 개업하면서 시루떡을 맞췄다. 그리고 나름대로 차별화를 주기 위해 부의 상징 금을 상징하는 골드색 포장지로 떡을 하나하나 포장해서 상가에 돌렸다. 그러나 지금은 시대가 변했다. 품질도 좋고 가격도 저렴한 다양한 판촉물이 그 자리를 대신한다. 문제는 물가 상승과 인건비 상승으로 그 비용 또한 만만치 않다. 사업주는 선물을 준비해야 할지 말아야 할지 고민할 수밖에 없다.

하지만 요즘 젊은 사장들은 개업선물에 크게 의미를 두지 않는다. 반면 40, 50대처럼 연배가 높을수록 개업선물은 꼭 해야 한다는 사람도 있다. 돌이켜보면 지인의 개업선물 혹은 동네에 새로 생긴 가게에서 받은 기념품 등을 요긴하게 쓰던 시절이 있었다. 그러나 요즘은 상황이 달라졌다. 전국의 방방곡곡을 막론하고 해외에서까지 수천수만 가지의 제품을 저렴하고 손쉽게 구매할 수 있다, 대표적으로 오프라인은 다이소, 온라인은 쿠팡, 알리, 테무 등이 있다. 게다가 유통구조의 혁신으로 판촉물 시장도 판이 달라졌다. 수요보다 공급이 훨씬 많아졌다. 자고로 과잉 생산, 과잉 소비의 시대다. 여기에 너도나도 뿌려대는 판촉물들은 잘 사용되기보다는 쓰레기통으로 직행하는 경우가 허다하다. 이는 안타깝게도 기후 위기에 일조하는 환경오염의 원인을 제공하기도 한다.

따라서 판촉물을 꼭 하고 싶다면, 받는 사람의 입장을 고려해 가격과 쓰임새를 잘 따져보고 제작하는 것이 중요하다. 대기업의 경우는 대량 제작으로 단가가 낮아 좋은 품질의 판촉물을 만들 수 있지만, 소상공인 즉 자영업자들은 판촉물 제작 비용이 부담스러울 수 있다. 제작단가를 따지다 보니 본인의 사업과 어울리지 않는 상품을 선택하기도 한다. 예를 들어 카페에서 냄비 받침이나 시장바구니 같은 저렴한 판촉물을 배포한다. 이는 오히려 가게의 이미지를 떨어뜨릴 수 있다.

한 예로 요양병원 암센터 개원 시 필자가 디자인 컨설팅을 하면서 판촉물도 함께 제작 납품했다. 병원 원장은 개업선물로 머그컵을 원

해 몇 개의 견본을 보여주었다. 병원 직원은 활용도가 좋은 기본 사이즈를 원했지만, 원장은 큰 사이즈를 마음에 들어 했다. 컵이 크니 로고도 크게 넣을 수 있다는 게 이유였다. 결국 원장이 원하는 큰 머그컵을 300개 제작해서 납품했다.

몇 달 후 병원에 갔다. 아뿔싸! 개업선물로 납품했던 머그컵은 직원들의 책상 위에서 연필통으로 쓰이고 있었다. 직원에게 왜 컵이 연필통이 되었는지 물어보았다. 그는 한숨을 푹 쉬며 말했다.

"컵이 너무 크고 무거워 잘 사용하지 않아요."

컵을 컵의 용도로 사용하지 않으니 아까워서 할 수 없이 연필통으로 쓸 수밖에 없다는 것이다. 필자 역시 그 머그컵을 사용하지 않고 있었다. 판촉물이 넘쳐나는 요즘 시대에 기껏 비용을 들여 제작한 판촉물이 제대로 쓰이지 않는다면 그 상품은 제 역할을 잘못하는 것이다.

코로나 이후 개인위생을 강조하면서 텀블러와 보온병이 판촉물로 인기가 많다. 필자의 주방 수납장에도 이곳저곳에서 받아온 텀블러 몇 개가 자리를 차지하고 있다. 판촉물을 꼭 하고 싶다면 비용을 먼저 따지기보다 판촉물을 통해 내 사업을 얼마나 홍보할 수 있는지를 먼저 고려해야 한다. 또 판촉물을 받을 사람 입장을 헤아려 물품을 골라야 한다. 예산상의 이유로 혹은 사장의 눈높이로 판촉물을 제작한다면 내 가게의 홍보 효과를 제대로 얻을 수 없다.

영어 함부로 쓰지 마라

거리를 걷다 보면 영문 간판이 즐비하다. 특히 카페, 음식점, 패션 브랜드는 영문 간판이 압도적이다. 영문 디자인이 주는 세련되고 심플한 느낌은 디자이너로서도 정말 매력적이다. 게다가 20, 30대 젊은 사장들은 영어에 익숙해 영문 간판을 더 선호하는 추세다. 하지만 오랫동안 디자인을 해온 경험으로 볼 때 영문으로 된 간판은 제작 시 판단을 잘해야 한다. 간판이나 홍보물에 들어가는 마크와 브랜드를 만들 때 영문 디자인은 그 영문의 뜻을 고객들이 다 이해하지 못하기 때문이다. 의뢰받은 영문 간판이나 홍보물을 제작하고 지나가는 사람들에게 무슨 뜻일지 물어보면 의외로 알 수 없다고 한다.

상호나 간판은 고객의 편에서 제작해야 한다. 연세가 있는 고객이나 영어가 서툰 고객은 본인이 찾는 가게를 보고도 영어를 읽지 못해 찾지 못하는 불상사가 생길 수 있다. 또한 영문 표현이 애매모호하여 외국인이 봐도 뜻 자체를 알 수 없는 국적 없는 이름의 간판을 종종 발견한다. 문제는 소통의 단절이다. 어떤 사람은 영문 간판을 보고 무슨 뜻이냐고 물어오곤 한다. 또 어떤 이는 본인이 찾는 가게를 보고도 간판을 읽지 못해 지나치는 경우가 있다.

한 뷰티 숍 간판을 20대 여성 사장이 의뢰해 왔다. 그녀는 간판에 한글도 전화번호도 넣지 않고 오직 "JJIN BEAUTY"라는 영문 로고만 넣자고 했다. 색상은 화이트 바탕에 검정 글씨로 심플하게. 문제는 'JJIN'이라는 단어다. 한국어 '찐'을 영어로 표기한 것이다. 'Beauty'는 누구나 알겠지만, 'JJIN'은 외국인은 물론이고 한국인도 뜻을 알기 위해서는 한참을 고민해야 한다. 결국 사장을 설득하여 한글을 작게라도 넣기로 했다.

또 다른 사례가 있다. 옷 가게를 하는 A 사장은 간판을 매장의 인테리어와 맞춰야 한다며 50cm 정도의 작은 사이즈에 영문만 넣어 제작해달라고 했다. 완성된 간판을 보고 A 사장은 아주 마음에 든다며 흡족해했다. 하지만 얼마 지나지 않아 문제가 생겼다. 고객들이 재방문 시 옷 가게를 못 찾아와 결국 한글을 추가로 넣어 다시 제작할 수밖에 없었다.

그렇다고 영문 사용이 무조건 나쁘다는 건 아니다. 때와 장소, 타깃 고객층을 고려해 적절히 사용하면 오히려 효과적일 수 있다. 예를 들어, 외국인 관광객이 많은 지역이나 젊은 층이 많은 핫플레이스 지역 같은 곳은 예외이다.

꼭 영문 간판을 제작하고 싶다면 영문을 메인으로 하되 한글을 간판 센터나 좌우 하단에 작게 넣어 주면 된다. 이렇게 하면 가게 브랜드 이미지를 강조하면서 정보 전달의 효율성을 높일 수 있다. 이때 처음 오는 손님도, 재방문 고객도, 지나가는 사람도 간판이 한눈에 읽혀 부담 없이 다가온다.

사장님 끌려다니지 마세요

얼마 전 네이버를 통해 한 통의 전화가 왔다. 돈가스 전문점을 개업하여 간판과 실내 사인물을 하고 싶다는 전화였다. 미팅 날짜를 잡고 현장에 도착하니 60대의 인테리어 업체 사장과 도색 인부 3명이 실내와 외벽에 페인트를 분주하게 칠하고 있었다.

30대의 남자 H 사장과 미팅 내내 진행되고 있는 현장의 상황이 잘 이해되지 않았다. 우선 H 사장이 보내온 휴대폰 속 샘플 사진과 현장의 페인트 색이 전혀 달랐다. 사진 속 컬러 외벽은 화이트와 핑크 그리고 포인트 컬러는 민트색인데, 출입문과 폴딩도어의 컬러가 블랙으로 칠해지고 있었다. 벽타일도 샘플에서 본 화이트색의 모자이크타일이 아니고 베이지색의 포쉐린 타일인 큰 타일이 시공되어 있었다. 필자는

H 사장에게 어떻게 된 거냐고 조심스럽게 물었다.

H 사장은 한숨을 쉬며 말했다, 페인트 색상을 몇 번이나 핑크로 해 달라고 요청했고, 타일도 다시 해 달라고 요구했지만, 인테리어 사장은 공사비가 더 들어간다는 이유로 공사를 빨리 마무리하는 데 집중한다는 것이다. 그는 더 이상 싸우기도 지쳐서 그냥 체념한 듯했다.

이런 상황은 흔한 상황은 아니다. 문제는 이 상태로 인테리어가 마무리된다면 콘셉도 없고, 특히 트렌디하고 예민한 대학가의 특성상 학생들의 눈과 입을 만족시키기 어렵다. 간판과 사인물이 인테리어와 맞지 않고 퀄리티가 떨어지는 결과물이 나올 수밖에 없다.

더 이상 지켜보고만 있을 수 없었다.

"사장님 다시 한 번 말해보세요! 제가 옆에서 도와드릴게요!"

필자의 말에 용기를 얻은 H 사장은 인테리어 사장에게 재시공할 것을 다시 한 번 요구했다 그러자 인테리어 사장은 정색하며 그렇게는 할 수 없다며 검은색도 해 놓으면 나름 때 안 타니 좋다고 오히려 H 사장을 설득했다. 더 이상 업자에게 끌려 다니면 안 되겠다 싶어 인테리어 사장에게 한마디 거들었다.

"제가 현장을 많이 다녀봤지만, 상당히 당황스러운 상황입니다. 이 식당은 최종적으로 의뢰하신 사장님이 원하는 콘셉에 맞게 결과물이 나와야만 매출로 이어질 수 있어요. 사장의 요구가 무시되는 인테리어 업체와는 일하고 싶지도 않네요. 이런 소통이 안되는 업체를 누구에게

감동까스

—— 맛도 감동 · 양도 감동 ——

소개해 줄 수 있을까요?"

그리고 현장을 빠져나왔다.

저녁이 되어 H 사장한테서 전화가 왔다. 벽타일은 교체가 힘들고 블랙으로 도색한 부분은 핑크와 화이트로 다시 시공하기로 했다는 것이다. 그나마 다행이었다. 어쩔 수 없는 선택이었지만 타일도 인테리어 시공이 다 끝난 뒤 핑크색의 채도를 좀 더 밝게 칠해주니 나름 잘 어울렸다.

결국 H 사장은 본인이 처음 원하던 방향으로 인테리어를 변경했다. 간판의 소재와 실내 사인물, 어닝 등의 컬러 선택도 필자와 충분히 상의하고, 몇 번의 수정을 거쳐 의도한 대로 본사보다 더 예쁘고 세련된 돈가스 전문점이 완성되었다. 며칠 후 개업식에 화분을 들고 갔다가 깜짝 놀랐다. 여대생들이 식당 테이블마다 꽉 차 있었다. H 사장은 정신없이 바쁘게 일하고 있어서 인사도 못하고 나왔다.

위 사례처럼 갑과 을이 바뀌는 상황이 생겼을 때 업자와 감정싸움을 하기보다는 본인의 생각을 충분히 설명하고 샘플 사진 등을 많이 보여주며 업자를 설득하도록 하자.

단골도 모르는 이벤트 혜택

단골은 내 가게의 서비스를 정기적으로 이용하면서 업주에게 안정적인 수입을 가져다준다. 뿐만이 아니라 내 가게 브랜드에 충성심을 보이고 제품이나 서비스에 대한 의견을 제시하며 주변 사람들에게 추천하는 등 내 가게의 핵심 지지기반이 된다.

유명 브랜드 골프웨어 매장을 운영하는 K 사장 부부는 신규 고객을 유치하고 할인 혜택을 주기 위해 가격할인 상품권을 제작 의뢰해 왔다. 상품권은 골프복 자체가 고가의 의류이다 보니 금액도 단위가 높다. 이에 맞춰 수입지에 금박을 넣어 고급스러운 느낌으로 봉투까지 세트로 제작했다. 상품권은 신규 고객들의 이목을 끌기에 충분했다.

그러나 예상치 못한 문제가 발생했다. 신규 고객의 가격할인 혜택을 알게 된 충성도 높은 기존 고객들이 불만을 제기했던 것. K 사장 부부는 기존 고객을 위한 상품권을 다시 만들어 달라고 했다. 기존고객 즉 단골들은 지속적으로 그 매장을 방문하여 꾸준한 매출을 올려주는 데 자신들에 대한 혜택이 적다고 생각한 것이다. 다행히 K 사장 부부는 발 빠르게 대응해 기존 단골의 이탈을 막을 수 있었다.

위 사례처럼 신규 고객 위주의 마케팅은 기존의 우수고객 단골에게는 이벤트나 행사 소식, 할인 쿠폰 보내는 것에 소홀할 수 있다. 단골이나 신규 고객이나 사장이 자신을 기억해 주길 바란다. 이때 좋은 품질의 상품을 누군가보다 비싸게 구매하길 원하는 고객은 없다.

사장은 단순히 구매 이력뿐만 아니라 고객의 유출을 막으려면 취향, 생일, 기념일, 방문 횟수를 구분해 데이터화 하여 멤버십을 만들고 단골이 내 가게에 방문 시 특별한 서비스를 제공하여 혜택이 갈 수 있도록 해야 한다.

○○미용실 L 원장은 고객 관리의 달인이라고 해도 과언이 아닌 동내 미용실의 원장 중에서 단연 최고의 사장이다. 원장은 기존 미용실을 인수하여 상호만 바꿔서 간판을 교체했다. 마침 필자는 2~3달에 한 번 염색을 하지만 지정해 놓고 다니는 미용실이 따로 없었기에 이왕이면 내 고객에게 머리를 맡기고 싶어 그 미용실을 애용하고 있다.

L 원장은 머리 시술 내내 필자를 편안하게 해 주었다. 지난번 왔을

때 주고받았던 이야기도 기억하고 안부를 묻는다. 어느 날은 "오늘 제대로 못 먹었더니 배가 좀 고프네요"라고 말하니 L 원장은 어느새 군 것질거리와 차를 타와 시술 내내 리필까지 챙기는 세심함을 보여준다. 이런 작은 배려에 감동할 수밖에 없다. 더불어 미용 기술도 빼놓을 수 없다.

미용실은 고객의 머리를 고객이 원하는 대로 나오도록 하는 게 중요하다. 그런데 L 원장은 필자의 머리 컬러와 그 계절에 어울리는 컬러를 바꿔가며 헤어스타일과 염색을 세심하게 신경 써서 머리를 손질한다. 염색 후 지인을 만나면 항상 듣는 말이 있다. "머리색 너무 잘 어울린다!", "미용실 어디로 다니세요?" 그런 말을 들으면 흐뭇하다. 단골로서 L 원장의 미용실 사랑은 계속 이어지고 있다. 여기에 더해 머리 스타일링을 마치고 계산을 할 때 증정품으로 헤어샘플을 꼭 챙겨준다. 그러다 보니 누군가 미용실을 물어오면 ○○미용실 L 원장 칭찬을 안 할 수가 없고, 입소문을 내지 않을 수 없다.

단골은 내 가게의 매출을 올려주는 중요한 고객이다. 문제는 신규 고객 유치에만 집중한 나머지 기존 고객 관리에 소홀해진다면 이는 장기적으로 매출을 떨어뜨릴 수 있다. 결코 단골을 잠시라도 잊지 말자.

SNS 느낌 SNS 스타일
내 가게는

　쇼핑할 때 상가를 다니다 보면 예전에 비해 업주의 연령대가 다양하다. 20대부터 30대의 젊은 사장도 자주 마주한다. 젊은 청년들이 취직보다 나만의 공간, 나만의 가게를 꿈꾸며 창업으로 눈을 돌리는 사례가 늘고있다. 필자 역시 30대 초반에 아이를 낳고 프리랜서 위치에서 탈출하고자 창업했다.

　젊은 사장들이 늘어나면서 간판 인테리어 디자인을 인스타나 블로그에서 아이디어를 얻는 경우가 많다. 아무래도 소셜미디어를 많이 활용하다 보니 자신의 관심 분야에서 다양한 사례들을 많이 접하기 때문이다. 특히 젊은 여성 사장들은 트렌드에 민감하게 반응한다. SNS에서 본 간판, 인테리어 디자인의 정보를 찾아와 휴대폰을 보여주며 샘플과 최대한 같은 느낌을 살려 시공해달라고 요청한다.

"사장님 사진처럼 똑같이 시공해 주세요!"

게다가 그들은 전문 디자인 업체보다 더 많은 자료와 자재를 조사한다. 아예 자재를 직접 구매하여 시공만 의뢰해 오는 경우도 종종 있다. 필자는 젊은 사장들의 이런 적극성을 매우 긍정적으로 바라본다. 창업 비용이 부족하거나, 인건비 비용이 부담된다면 사장의 셀프 시공도 적극 추천한다.

실제로 코로나 이후 원자재 비용이 상승하고 인건비도 많이 올랐다. 필자 또한 사무실을 옮기면서 이사 경비를 줄이기 위해 페인트 대리점에서 직접 원하는 컬러를 조색해 페인트를 사 왔다. 남편과 함께 사무실의 실내 도장과 건물 외벽 파사드의 도장을 셀프로 했다. 꼬박 이틀이 걸렸다. 몸은 힘들었지만, 사무실에 더 애착이 가고 셀프 시공의 매력을 느낄 수 있었다.

다른 시공 즉 간판이나 목공은 전문영역이어서 사장이 직접 하기에는 기술적으로 어려움이 있지만, 페인트 도장은 도전할 만하다. 시공 현장을 직접 다니며 친절한 설명과 함께 시공 모습을 촬영한 영상도 유튜브에 많다. 셀프 시공을 겁먹을 필요는 없는 것 같다.

그러나 셀프 시공을 따라 할 수 있는 유트브 영상 채널이 많다 보니 아쉬운 점이 있다. 업종과 특색에 맞는 간판과 인테리어보다는 SNS 속 같은 자재, 같은 디자인을 그대로 옮겨 놓은 것 같은, 어딘가에서 본 듯한 인테리어와 간판이 길을 가다 보면 한 집 걸러 보인다. 내 가게만의 개성이 사라지고 있다.

물론 젊고 개성 강한 가게들도 곳곳에 생겨나 나의 눈과 귀, 입을 즐겁게 해 주어서 감사하다. 하지만 무작정 SNS에 업로드된 인테리어를 따라 하다가 낭패를 보는 경우도 적지 않다.

창업시 가장 중요한 것은 고객이 내 가게의 간판과 인테리어를 보고 직관적으로 무엇을 파는 곳인지 알 수 있어야 한다. 또한 내 가게만의 고유한 콘셉트가 없는 베끼기식 디자인 시공은 고객이 내 가게의 이미지에서 아무것도 떠올리지 못할뿐더러 기억하기도 쉽지 않다. 한마디로 특색 없는 가게가 되는 것이다.

뷰티 숍, 네일 숍 등의 업종은 특성상 젊은 여성들의 1인 창업이 늘고 있다. 고객층도 젊은 여성들이 대부분이다. 따라서 간판과 인테리어 시공을 고객층의 취향에 맞춰 정성과 비용을 들인다. 이러한 매장은 대부분 크기가 10평 이하이다. 인테리어 또한 공간이 넓게 보이는 효과를 주기 위해 화이트 계열로 도색한다. 하지만 천편 일률적인 화이트 컬러를 벗어나 화이트 배경에 연한 핑크나 오렌지 색상 등 파스텔 컬러로 포인트를 주어 시공을 해도 좋다.

간판의 컬러나 소재도 클래식한 골드와 모던한 검정도 좋치만 인테리어와 일관성 있게 핑크, 오렌지 등 다양한 컬러 포인트를 주어도 좋다. 상호도 예를 들어 귀엽고 발랄한 한글 서체로 '너무 사랑스러운 손톱, 반짝반짝 눈이 부셔 눈썹' 등 귀여운 상호를 쓴다면 흔하지 않으면서 개성 있는 매장이 될 것이다. 여기에 사장님의 특별 서비스까지 더한다면 금상첨화일 것이다.

7장

장사를 망하게 하는
나쁜 디자인

매출을 떨어뜨리는 메뉴판 디자인

얼마 전까지만 해도 손님이 테이블에 앉아 종이 메뉴판을 넘기며 주문하는 것이 당연했다. 하지만 코로나19 대유행 이후, 외식업은 인건비 절감과 비대면 서비스 선호도 증가로 인해, 태블릿 메뉴판 즉 테이블마다 설치된 화면을 보고 주문하는 '테이블오더(Table order)'가 급속도로 보급되기 시작했다. 대기업까지 뛰어들어 경쟁이 치열하다. 이러한 변화 속에서도 변하지 않는 것이 있다. 바로 효과적인 메뉴 디자인의 핵심 원칙이다. 형태가 디지털로 바뀌었다고 해서 그 본질까지 바뀌는 것은 아니다. 여전히 메뉴판은 고객에게 직관적이고 한눈에 들어오는 디자인이어야 한다.

선택 장애를 일으키는 메뉴의 가짓수

이러한 원칙을 무색하게 만드는 요소가 있다. 바로 과도한 메뉴의 수이다. 필자의 경험상, 이는 신규 창업자들이 자주 빠지는 함정이다. 더 많은 선택지를 제공하면 더 많은 고객을 만족시킬 수 있을 거라고 생각하지만, 현실은 그렇지 않다. 얼마 전 '안주 맛집'을 표방하는 새로운 주점의 메뉴판을 디자인했다. 처음 창업하는 사장은 많은 종류의 안주를 메뉴에 넣고 싶어 했다. 결국 메뉴판을 빽빽하게 채웠다. 하지만 이 모든 메뉴를 제대로 제공할 수 있을지 의문이 들었다. 얼마 후 예상대로 문제가 발생했다. 고객들이 너무 많은 선택지에 압도되어 주문에 시간이 오래 걸렸고, 주방에서는 다양한 메뉴를 준비하는 데 어려움을 겪었다. 결국 몇 주 후 안주 맛집 사장은 메뉴 가짓수를 3분의 1로 줄이고 메뉴판을 새로 제작해달라고 했다.

실제 음식과 다른 음식사진

메뉴판이나 배달 앱에서 본 화려한 음식사진에 끌려 해당 음식을 주문했지만, 실제로 받은 음식은 기대에 한참 못 미칠 때가 있다. 실제 음식과 나오는 음식이 확연히 달라 실망스러운 경우다. 한 번쯤 겪었을 음식점의 과대광고에 화가 날 때도 있다.

음식점에서 고객과 처음 대면하는 메뉴판의 음식사진은 시각적 도구로서 매우 중요하다. 따라서 업주는 가능하면 음식사진을 전문가에게 부탁해 실제보다 잘 나온 사진으로 메뉴판을 제작한다. 그러나 실제 요리되어 나온 음식이 메뉴판의 음식사진보다 못하다면, 고객에게 과대광고라는 이미지를 남길 수 있다. 조금 부족하더라도 업주의 정성이 담긴 수제 느낌의 꾸미지 않은 사진으로 메뉴판을 제작한다면 오히려 주문한 음식이 메뉴판의 사진보다 더 먹음직스러워 감동할 것이다. 혹시 알겠는가. 고객이 음식사진을 찍어 SNS에 올릴지. 그 고객은 내 가게의 자발적 홍보대사가 될 것이다.

가격만 보이는 메뉴판

요즘 같은 고물가 시대에 외식비는 하늘 높은 줄 모르고 치솟고 있다. 이에 고객들은 음식을 주문하기 전에 메뉴판의 가격을 꼼꼼히 살펴보는 게 일상이 됐다. 백화점에서 상품에 적혀있는 상품의 동그라미 숫자를 세보다가 놀라 발길을 돌린 기억이 있을 것이다. 계속 오르는 음식 값도 메뉴판을 보고 벌어진 고객의 입을 다물지 못하게 할 수 있다. 결국 다시 식당을 찾지 않을 수 있다. 따라서 메뉴판의 가격표 표기 방법도 신중해야 한다.

메뉴판 제작 시 알아두면 좋은 5가지 디자인 요소

- 숫자 뒤 '원' 생략하기
- '0' 줄이기 (예: 30,000원 → 3.0) 고객이 가격에 덜 민감함
- 메뉴판 왼쪽 위부터 주력 메뉴 배치
- 가격은 비싼 순이 아닌, 중상 가격대부터 시작
- 카테고리별 분류로 가독성 높이기

장사에서 매출은 아주 작은 부분에서 영향을 미칠 수 있다. 메뉴판도 그중 하나다. 이왕이면 고객 편에서 주문을 수월하게 할 수 있도록 디자인한다. 메뉴판 제작 시 알아두면 좋은 디자인 요소들을 잘 활용해 보자. 메뉴판만 바꿔도 내 가게의 매출이 달라질 것이다.

장사를 방해하는 간판 디자인

도시를 거닐다 보면 다채로운 간판들이 시선을 사로잡는다. 독특한 디자인과 다양한 소재로 제작된 간판들은 거리의 풍경을 더욱 생동감 있게 만든다. 특히 지역의 특정 거리와 조화를 이루면 그 지역 상권 형성에 긍정적인 영향을 미친다.

혼자만 튀는 간판

그러나 주변 상가들과 어우러지지 않고 혼자만 튀는 간판은 거리의 미관을 해칠 뿐만 아니라, 거리 주변의 분위기를 해치는 요소가 된다. 이는 결과적으로 지역 상권 형성에 방해가 되어, 잠재적 고객들의 발길을 돌리게 만들 수도 있다. 따라서 간판을 제작할 때 개별 상점의 특징을 살리면서도 주변 환경과의 조화를 고려해야 한다. 색상, 크기, 디자인 등을 선택할 때 지역의 전체적인 분위기를 해치지 않도록 주의를 기울여야 한다. 이를 통해 거리의 미관을 향상하고 더 나아가 지역 상권의 활성화에 기여할 수 있다.

여백이 없는 간판

대도시의 건물이 커질수록 간판의 숫자도 함께 증가한다. 하지만 건물 전체가 간판으로 뒤덮이면 오히려 어느 것 하나 눈에 들어오지 않는다. 간판의 시각적 구성 요소에는 상호, 서체, 색상과 더불어 '여백'이 중요하다. 이 '공간적 여유'는 간판 디자인에 꼭 필요한 요소이다. 독창적이고 아름다운 디자인의 간판은 적절한 여백을 통해 시선을 끌고 고객의 호기심을 자극한다. 이는 결과적으로 고객을 매장으로 유인하고 매출 증대로 이어진다.

과도한 크기 간판

많은 지자체에서 예전에 '도시의 아름다운 거리' 도시개선 사업을 진행한 바 있다. 그 결과로 거리를 걷다 보면 세련되고 깔끔해진 간판으로 통일감있게 디자인된 가게 간판들을 볼 수 있다. 이 간판들은 각 매장의 브랜드 특성을 잘 반영하여, 로고와 폰트 크기, 컬러 등 디자인 요소를 효과적으로 활용하여 제작되었다.

최근 트렌드는 간판 크기를 줄이고 복잡한 디자인을 단순화하여 가독성을 높이는 것이다. 이는 보행자의 시선을 고려, 작아도 한눈에 잘 들어오는 간판을 만드는 것이 효과적인 간판디자인이라 할 수 있다. 이 때 도시의 미관을 개선하는 동시에 정보 전달을 위한 방법으로 앞으로 지속될 디자인방향이라고 할 수 있다.

과한 다수의 간판

간판 시공 현장을 다니다 보면 때로 과도한 간판들이 건물의 모든 여백을 채워 숨 막히는 광경을 목격하게 된다. 우리나라의 옥외 광고법은 '1업소 1간판' 원칙을 제시하고 있으며, 각 지자체도 이에 따른 가이드 라인을 마련하고 있다. 그러나 현실에서는 이를 철저히 지키기란 쉽지 않다. 다른 가게보다 더 크고, 더 화려하며, 더 많은 간판을 내 걸고자 하는 욕구는 디자이너 입장에서도 이해할 만하다. 하지만 이러한 접근이 무분별한 불법 간판으로 이어질 경우, 오히려 해당 업소에 대한 부정적 이미지를 줄 수 있다는 점을 유념해야 한다. 때로는 절제된 간판이 더 효과적인 홍보 수단이 될 수 있음을 기억하자.

화려하기만 한 간판

간판의 효과적인 디자인에 대한 흥미로운 연구 결과가 있다. SBS 방송국에서 진행한 "어떤 간판이 사람들의 눈에 잘 띌까"라는 프로그램에서 소개된 내용이다. 디자인센터 연구원은 "노란색, 빨간색, 주황색 등 난색 계통의 색상은 눈에 잘 띄지만, 여러 개의 간판이 이러한 색상을 일률적으로 사용하면 오히려 시각적 혼란을 일으켜 정확한 정보 전달에 실패할 수 있다"라고 보도한적 있다.

이 실험으로 보행자의 시선의 패턴에 대한 흥미로운 데이터를 알 수 있다. 보행자가 한 곳을 바라보는 평균 시간은 0.3초에 불과하며, 이 짧은 순간에 시선이 미치는 범위는 제한적이다 라고 한다. 사람의 눈은 수직으로는 눈 위쪽으로 12도, 수평으로는 20도 정도이며 이는 대략 지상에서 5m(건물 2층) 높이에 해당한다. 그러나 보행자가 위를 올려다볼 경우, 시야는 좁아지지만 최대 10m(건물 4층) 높이까지 볼 수 있는 것으로 나타났다.
결론적으로, 이 SBS 방송국의 연구는 크고 화려한 간판이 반드시 효과적이지는 않다고 말한다. 오히려 건물의 색상과 조화를 이루며 보행자의 자연스러운 시선 높이에 맞춰 설치된 간판이 더 주목받는 것으로 나타났다고 보도한다.

정체성이 모호한
브랜드 네이밍과 로고 디자인

창업 후 새 브랜드를 만들거나 리브랜딩 할 때, 대부분의 사업주가 가장 먼저 고민하는 것이 네이밍과 로고 디자인이다. 이는 고객들에게 오래 기억되길 바라며, 브랜드 성공에 중요한 역할을 하기 때문이다. 따라서 가게의 정체성, 즉 목적과 용도에 맞게 만들어야 한다.

정체불명 내 가게

창업이나 매장을 재단장하는 과정에서 디자인 의뢰가 들어오면 업주에게 가게의 정체성을 물어본다. 대부분은 명확히 설명해 준다. 하지만 간혹 한마디로 정리하기 어려워하는 분들도 있다. 이런 경우 설명이 장황해지거나, 반대로 특징이 없이 모든 것이 가능한 불특정 다수를 위한 가게가 되기도 한다. 예를 들어, 음식점에 들어갔는데 메뉴나 인테리어만으로는 밥집인지 술집인지 구분하기 어려운 경우가 좋은 예이다. 이렇게 가게의 정체성이 모호하면, 고객 유입에 오히려 장애가 될 수 있다. 따라서 명확한 정체성을 바탕으로 콘셉트를 정하고, 고객이 직관적으로 이해할 수 있도록 해야 한다. 이를 통해 언제 어디서나 그 브랜드에 대한 일관된 이미지를 형성하고, 확실한 정체성을 확립해 나가는 것이 중요하다.

발음이 어려운 내 가게

외식업체의 일을 하다 보면 종종 숨은 맛집을 발견하곤 한다. 점심 시간에 그 음식점에 갈 때가 있는데 음식맛에 놀라곤 한다. 그런데 왜 장사가 잘 안될까? 여러 이유가 있겠지만, 때로는 간판 이름, 즉 상호에 문제가 있는 경우가 있다. 발음하기 어렵거나 의미를 알기 힘든 상호다. 이는 신규 고객의 발길을 막는 원인이 되며 상호를 기억하지 못해 재방문의 기회도 막을 수 있다. 또한 주인에게만 의미 있는 대표 메뉴를 연상시키는 상호도 좋지 않다. 음식점 업주들은 대부분 상호 바꾸는 것을 꺼린다. 이해는 되지만, 매출이 부진하다면 과감히 바꾸는 것이 좋다.

예를 들어 전주 고속 터미널 근처에 '다 잡수소'라는 한정식 음식점이 있다. 이 상호는 사장님의 내공이 드러나는 센스 있는 상호이다. 고객이 부르기 쉽고 기억하기 쉬운 간결하고 단순한 상호는 충성 고객을 만드는 데 중요한 역할을 한다. 특히 발음하기 쉬운 상호는 입소문을 타기에 수월하다.

아! 재미있네. 그런데 내 가게는 안티 디자인

디자인 분야에서 '안티 디자인'이라는 개념이 있다. 디자인의 한 영역이지만, 창업이나 소상공인의 매장 리뉴얼 시 특히 피해야 할 요소들이다.

안티 디자인 로고의 사례를 몇 가지 살펴보자.

균형을 잃은 레이아웃 디자인:
시각적 혼란을 줄 수 있다.

배경색과 글자 색의 대비가 부족하거나 원색 위주의 색상:
로고의 인식이 어렵다.

최신 트렌드 따라하기:

자칫 간판을 인지하기 어려울 수 있다.

로고 디자인에 위트와 재미 요소를 적절히 가미하는 것은 고객들에게 긍정적인 인상을 줄 수 있다. 이는 매장을 방문한 고객들에게 미소를 짓게 하는 좋은 포인트가 될 수 있다. 그러나 이러한 요소를 지나치게 강조하면 오히려 역효과를 낼 수 있으므로 균형 잡힌 접근이 중요하다.

첫인상을 떨어뜨리는 명함 디자인

때로 디자인의 심플함과 모던함을 추구하다 보면 명함의 본질을 놓치는 경우가 있다.

직업을 알 수 없는 디자인

이름, 상호, 직함, 연락처 등 핵심 정보가 한눈에 들어오지 않고 단순히 디자인에만 치중한 명함은 그 본래의 목적을 달성하지 못한다. 이런 명함은 상대방에게 명확한 메시지를 전달하지 못하고, 결국 '직업을 알 수 없는 디자인'이 되고 만다. 자신의 명함이 이러한 함정에 빠지지 않았는지 한 번쯤 돌아볼 필요가 있다. 아름다움과 기능성의 균형을 찾아, 효과적으로 정보를 전달하면서도 시각적으로 매력적인 명함을 만드는 것이 포인트다.

디자인 요소가 빠진 명함

명함 디자인의 핵심 요소를 적절히 활용하면 효과적인 명함을 쉽게 만들 수 있다. 전문성과 신뢰도를 높이기 위해 상호나 브랜드명을 가장 눈에 띄게 배치하고, 이름은 그다음으로 자연스럽게 연결되도록 한다. 이름의 글자 크기는 13~15포인트가 적당하며, 연락처는 8~10포인트, 주소는 7~9포인트로 하여 전체적인 균형을 맞춘다. 요즘은 명함에 약도를 그리듯 장황한 설명보다는 건물 이름과 번지수를 정확히 기재한다.

로고는 없고 텍스트만 있는 디자인

시각적 정체성인 회사의 상징인 로고가 빠져있는 텍스트만 있는 명함, 특히 영업할 때 로고가 없는 텍스트 중심의 명함은 그 효과가 현저히 떨어진다. 이는 단순히 미적 문제를 넘어 브랜드 인지도와 직결된다. 결과적으로 상대방의 기억에서 쉽게 사라져 버린다. 명함을 준 당

사자가 인지도가 낮은 회사이거나, 생소한 업종의 경우 정체성이 모호하여 긍정의 인상보다는 부정의 첫인상을 남길 수 있다. 결론적으로, 로고와 일관된 시각적 요소를 포함한 명함 디자인은 단순한 장식이 아닌, 효과적인 비즈니스 전략의 핵심 요소이다.

로고 선명도가 떨어지는 디자인

명함 제작 시 디자인만큼 중요한 것이 인쇄 품질이다. 아무리 뛰어난 디자인이라도 인쇄 품질이 떨어져 선명도와 가독성이 저하된다면, 고객에게 부정적인 인상을 줄 수 있다. 인터넷에서 다운로드한 저해상도 이미지로 만든 시안용 파일을 가지고 인쇄만 요청하는 경우가 있다. 반드시 고품질 파일로 다시 만들어 인쇄해야 한다.

지갑에 안 들어가는 크기의 디자인

명함의 표준 크기는 크게 두 가지로 나뉜다. 하나는 90×50mm 크기이고 다른 하나는 신용카드와 유사한 90×54mm 크기이다. 이 두 사이즈는 황금비율 크기로 지갑에 넣고 꺼내기에 편리하다.

개성 있고 독특한 디자인의 명함은 시선을 끌 수 있지만, 지갑에 맞지 않는 크기는 실용성에 문제가 있다. 지나치게 큰 명함은 지갑에 넣기 어렵다. 반대로 너무 작은 명함은 지갑 속에서 찾기 힘들다. 따라서 명함이 필요할 때 사용하지 못하고 버려질 가능성이 높다. 명함 디자인 시 독창성과 함께 실용성을 고려해야 한다.

앞뒤가 같은 디자인

명함의 주요 역할은 상대방에게 내 정보를 한눈에 전달하는 것이다. 효과적인 명함 디자인을 위해서는 회사명과 개인 이름을 같은 면에 배치하는 것이 좋다. 이렇게 하면 고객의 기억에 더 잘 남을 수 있다. 첫 만남에서 명함을 교환할 때, 상대방의 직책과 이름을 한눈에 신속히 파악하고 이를 바탕으로 대화를 이어나갈 수 있어야 전문성과 신뢰감을 보여주는 데 도움이 된다.

한눈에 안 들어오는
현수막과 배너 디자인

정보는 적을수록 더 잘 보인다

길을 걷다 보면 글로만 가득 채운 현수막을 종종 볼 수 있다. 제작자의 열정은 이해되지만, 안타깝게도 이런 현수막은 오히려 지나가는 사람들의 관심을 끌지 못한다. 정보가 너무 많으면 가독성이 떨어져 읽지 않을 가능성이 크다. 이런 현수막은 주목성도 동시에 떨어져 쉽게 외면해 버리고 만다.

현수막의 강점은 저렴한 비용으로 원하는 장소에 자유롭게 설치가 가능한 홍보 수단이다. 이 장점을 살리려면 간결하고 명확한 메시지를 전달해야 한다. 만약 디자인을 어떻게 잡아야 할지 고민일 때 서점에 있는 책 표지를 생각하면 쉽게 이해할 수 있다.

7장

책 표지처럼 현수막에서도 제목이 가장 중요하다. 핵심 메시지를 책 제목처럼 간결하게 배경과 대비되는 색상으로 1~2줄의 굵은 글씨를 사용하면 좋다. 그다음 부제목처럼 간단한 부연 설명을 덧붙인다. 제목과 관련된 이미지를 추가하면 주목도와 정보 전달력이 높은 현수막이 완성된다.

배너는 메뉴판이 아니다

음식점에서 배너는 저렴한 비용으로 효과적인 홍보를 할 수 있는 가장 대중적인 수단이다. 배너의 디자인 특징은 내 가게 앞을 지나가는 고객들의 눈높이에 맞춰 시선이 아래로 흐르며 상호(브랜드)가 보이게 하는 것이 효과적이다. 이러한 배너는 보통 핵심 메시지를 정확하고 간결하게 전달할 수 있어 저렴한 마케팅 도구로 활용한다.

또한 잘 만든 배너는 유동 인구가 많은 거리에서 1명의 영업사원 역할을 톡톡히 한다. 길을 가다 보면 음식점 앞에 1~2개씩은 서 있는 배너를 만나게 된다. 유명 프랜차이즈나 전문 외식업의 경우 본사에서 제공된 배너를 세워놓기 때문에 핵심 메시지만 정확히 전달하므로 특별히 문제가 없다.

하지만 작은 가게의 음식점 배너들은 메뉴판을 그대로 옮겨 놓은 듯한 경우가 많다. 이런 배너는 정보가 많아 한눈에 들어오지 않고, 읽기 힘든 배너로 지나가는 고객들의 관심을 끌지 못하고 외면당하기 쉽다. 즉 고객의 입장이라기보다 사장의 관점에서 제작되었다고 봐야 한다.

잘 만든 배너는 주력 메뉴 소개, 신메뉴 출시, 할인, 이벤트 등을 알리는 데 적합하다. 현수막이 먼 거리에서도 잘 보이는 방식이라면, 배너는 가까이에서 자세히 볼 수 있다는 장점이 있다. 따라서 배너에는 간단하면서도 명확한 설명과 함께 식욕을 자극하는 음식사진을 넣는 것이 효과적이다.

배너는 일반적으로 600×1800mm 또는 500×1600mm 크기로 제작된다. 주로 대학가나 시가지의 상가에서 홍보 수단으로 배너를 많이 활용한다. 그러나 과도한 경쟁으로 상점들이 자신의 가게 앞뿐만 아니라 대로변까지 배너를 설치하는 경우가 있다, 보행자의 불편을 초래하고 차량이 통행하는 도로에서는 안전사고의 위험을 높이기도 한다. 문제는 강풍과 비로 인해 쓰러지거나 훼손된 배너들은 거리 미관을 해치고, 오히려 고객들에게 부정적인 인상을 줄 수 있다.

배너 설치 시 더 효과적이고 안전한 방법
- 양면 배너 대신 단면 배너를 선택한다.
- 철재 프레임의 물통 배너를 사용한다. 비용이 더 들더라도 내구성이 높다.
- 배너의 뒷면을 상가 벽 쪽으로 향하게 설치한다.

- 물통에 물을 가득 채워 안정성을 높인다.
- 여러 배너를 설치할 경우, 프레임을 서로 연결하여 강풍에 대한 저항력을 높인다.

이러한 방법을 통해 배너의 내구성을 높이고, 주변 환경과 조화를 이루는 효과적인 광고 수단으로 활용한다.

지피지기 백전불태(知彼知己 白戰不殆)

적을 알고 나를 알면 백번 싸워도 위태로움이 없으며,

부지피이지기 일승일패(不知彼而知己 一勝一負)

적을 알지 못하고 나를 알면 한 번 이기고 한 번 지며,

부지피부지기 매전필태(不知彼不知 每戰必殆)

적도 모르고 나를 모르면 싸움마다 반드시 위태롭다.

손자병법에 나오는 구절로 특히 마케팅과 영업 현장에서 적용하는 말이다. 하지만 오늘날 대한민국 자영업자들의 영업 현실은 이러한 논리로 설명하기 어렵다. 시장 환경이 급변하고 있기 때문이다. 이는 시장 환경을 완벽하게 이해하고 자신의 강점을 알고 있다고 해서 반드시 성공한다고 할 수 없으며, 반대로 이해가 부족하다고 해서 항상 실패하는 것도 아니라는 말이다. 고객이 내 가게에 반드시 와야 할 이유를 충분히 지속적으로 고객에게 어떻게 알리는가 그 방법을 아는 것이 핵심 마케팅의 노하우다.

이 책을 쓰면서 필자의 경험을 통한 현실적인 조언과 홍보 노하우를 담기 위해 고군분투했다. 그럼에도 미처 놓친 부분이 없는지 아쉬움이 남는다. 혹여라도 독자 여러분이 이 책을 읽다가 궁금한 점이 있다면 메일을 통해서 연락해 주시기를 바란다. 두 손 들어 환영한다.

책 쓰기를 시작하면서 설렜던 마음과 다짐이 한 달, 두 달 시간이 지나면서 처음 마음 먹었던 마음을 지키기가 힘들었다. 글쓰기의 어려움으로 내가 과연 책을 쓸 수 있을까 자포자기의 심정으로 한해를 넘겼다. 그러나 책 쓰기를 함께 했던 분들의 연이은 출판 기념회장을 다니며 구슬도 꿰어야 보배라는 것을 깨달았다. 결국 끝까지 해내는 자만이 그 열매의 달콤함을 맛볼 수 있다는 생각이 들었고, 책을 끝까지 쓰는 원동력이 되었다. 바라건대 이 책이 필자에게도 디자인이라는 한 길만을 걸어온 날들에 대한 보답이 되길 희망한다.

책을 출간하기까지 여러분의 도움이 컸다. 시작이 반이라는 마음을 갖게 하고, 끝까지 쓰라고 용기를 주었던 유길문 데일카네기 전북지사장님, 부족한 원고를 꼼꼼하게 지도해준 백명숙 코치님, 옆에서 항상 응원해 주고 지지해 주었던 사랑하는 가족들, 필자에게 첫 책이라는 선물을 기꺼이 출판해 준 조현수 프로방스 출판그룹 회장님에게 깊이 고마움을 전한다. 마지막으로 지금까지 살아오면서 늘 정신적 지표가 되어주신 하나님께 이 영광을 돌린다.